そうだったのか！行政書士

竹内 豊 著

税務経理協会

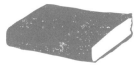

はじめに

　この本を手に取ったあなたは、行政書士の受験または開業を検討されていると思います。そこで質問です。「**行政書士とは何者なのか、または行政書士とはどういう資格なのか**」ご説明ください。

　いかがでしょう。おそらく言葉に詰まってしまうのではないでしょうか。でも、ご安心ください。ほとんどの方もよくわかっていません。実は、私もそうでした。そこで、資格予備校はどのように説明しているか見てみましょう。私が調べてみたところ代表的なものは次の４つです。

・頼れる街の法律家
・法律のマルチプレイヤー
・国民と行政のパイプ役を担う人気の国家資格
・法律系資格の登竜門

　「頼れる街の法律家」は、「頼れない街の法律家」ではどうしょうもないので、「まぁ、そうでしょう」という感じがしますが、「なんで『街』なのかな？」という疑問がわきます。

　「法律のマルチプレイヤー」は、「いろいろなことができる法律家」ということを言いたいのでしょうが、なぜ「マルチ」なのか謎です。

　「国民と行政のパイプ役を担う国家資格」は、「行政書士」という名称から、国民と役所の間に入って仕事をする者という程度は想像がつきますが、それだけでは、「マルチプレイヤー」とは言えないような気がします。

　「法律系資格の登竜門」は、他の法律系国家資格と比べれば合格の難易度が低いことを意味していると思うのですが、「だったら最初から狙っている資格を受験すればいいじゃないの」とツッコミを入れたくなります。

　どうもスッキリしないので、行政書士の総本山である日本行政書士会連合会のホームページを見てみると、次のように説明しています。

行政書士は、行政書士法に基づく国家資格者で、他人の依頼を受けて報酬を得て、官公署に提出する許認可等の申請書類の作成並びに提出手続代理、遺言書等の権利義務、事実証明及び契約書の作成、行政不服申立て手続代理等を行います。

役所に出す書類を作成して窓口に提出したり、権利義務・事実証明・契約書を作成したり、行政不服申立てなど色々なことを行うことができるようですが、正直なところ、これを読むとますますわからなくなってしまうのではないでしょうか。それに、「法律資格の登竜門」に位置付けられている割に、業務範囲が広範で強力な権限を与えられているのも不思議です。

このように、行政書士の実体はつかみどころがないにもかかわらず、毎年約5万人が受験し、約5千人が開業する**「不思議な資格」**と言えます。そこで、私は、「不思議な資格・行政書士」の「本質」を解き明かしたいと思います。なぜなら、本質を知ることで次の二つの効果が期待できるからです。

　一つ目は、**行政書士を「受験する・しない」、「開業する・しない」の判断ができる**ことです。行政書士の本質を理解すれば、資格取得の目的が明確になることで**短期合格**を実現できるはずです。また、合格後も開業準備が計画的にできて、開業直後から順調なスタートを切ることができるでしょう。反対に、行政書士に対して抱いていたイメージと本質がだいぶ違っていて受験や開業を止めるという選択を下すこともあるかもしれません。

　二つ目は、**行政書士を「好き」なことを「仕事」にするための武器にできる**ということです。行政書士は、その本質を理解した上で使いこなせば、自分が「好き」なことを「仕事」にしたい方にとって重宝な資格であることが読後におわかりいただけるはずです。

　本編のプレビュー（予告編）を示しておきましょう。私の話は6編ものです。まず、第1章では、行政書士制度成立までの歴史を見ることで、行政書士の本質を明らかにします。第2章では、第1章で明らかにした行政書士の「本質」

を具体的に理解するために、行政書士制度を規律している「行政書士法」を見ることで、行政書士が業務として「できる」「できない」そして「守らなければならない」ことを法的観点から確認します。

　第3章では、第1・2章を通して、行政書士の輪郭が大分つかめてきたところで、いったん「仕事」について考えてみたいと思います。理由は二つあります。一つ目は、仕事について考えると開業後の業務がイメージできて「受験する・しない」「開業する・しない」の判断材料になるからです。二つ目は、「仕事に対する構え」が開業の成否を決める重要な要素となるからです。続いて、第4章では、行政書士の受験や開業に前向きになった方へ、行政書士を活用して「好き」なことを「仕事」にする方法をお話しします。

　第5章では、5人の行政書士に行ったインタビューをご紹介します。「行政書士になるまで」「行政書士になってから現在まで」「今後の抱負」そして「受験・開業を目指す方へのメッセージ」を本音で語っていただきました。行政書士の活用の仕方が具体的に見えてくると思います。

　最後の第6章で、行政書士を活用して自分の「好き」なことを「仕事」にできるか見極めるためのリスト、名付けて**「専門分野発見リスト」**をご用意しました。ご自身にとって、行政書士が真に必要な資格なのか、必要な場合は、自分に合った活用方法が見えてくるはずです。

　このように、第1章から第4章までは抽象的な話しが中心になっていて、第5・6章は具体的な話しになっています。抽象と具体を往復することで理解は深まるので意識的にこのように構成しています。抽象的な話しは飽きやすくなってしまうかもしれませんが、この本の効果をご自身のものにしていただくために、変なお願いなのですが、どうか最初から順を追って最後までお読みください。

　ここまでお読みいただいて気付かれた方もいるかもしれませんが、私はこの本を書くにあたって、行政書士の本質と活用方法をわかりやすくお伝えするために、1対1で読者に話しかけている場面をイメージしながら書きました。ですから「話すように書く」というスタイルで進めています。資格に関する本なので、堅苦しい内容も含まれていますが、私が20余年間の開業歴を通して、

受験・開業前の方にどうしても聞いて欲しいことについては確信犯的にしつこく書いています。「同じようなことが書いてある」と感じる箇所があると思いますが、寛容な気持ちで最後までお付き合いいただければ幸いです。

　行政書士を受験するとなれば一定の時間を受験勉強に費やすことになります。ましてや、開業となれば人生のステージのターニングポイントの一つになります。本書がきっかけで「受験してよかった」「開業してよかった」、また反対に「受験しなくてよかった」「開業しなくてよかった」と思うことがあれば、この本の意義があります。くわえて、行政書士を活用して「好き」なことを「仕事」にできるきっかけになることを願っています。以上、本編の前口上でした。

　この本は、今まで以上に筆者に辛抱強くお付き合いいただいた税務経理協会編集部の小林規明氏、業務多忙の中インタビューに快く応じていただいた5名の行政書士の皆さま、そして、私が主宰している「行政書士合格者のための開業準備実践ゼミ」にご参加いただいた全国のゼミ生一人ひとりの熱意のおかげで書き上げることができました。心から感謝の意を表したいと思います。ありがとうございました。

2023年3月

行政書士　竹内　豊

目　次

Chapter 2

行政書士が「できる」「できない」「守らなければならない」こと

Chapter **3**

「仕事」について考える

Chapter **4**

行政書士を活用して「好き」なことを「仕事」にする方法

おわりに

行政書士の「本質」を
解き明かす

Introduction

　「はじめに」でお話したとおり、行政書士の「本質」を理解することは、受験・開業の選択、受験期間、そして、開業後の経営に影響を及ぼします。しかし、行政書士の本質を理解して受験・開業する人はほとんどいないのが現実です。実は、私自身もそうでした。そのため、振り返ると時間とお金を浪費してしまいました。

　私は、物事の本質はその成立過程に潜んでいると考えています。そこで、本章では、行政書士制度成立の歴史から行政書士の本質に迫ってみることにします。では、本論に入る前に、「行政書士誕生までの概観」（【図表1-1】）をご覧ください。この図を頭に入れて読み進めて行けば、行政書士の本質を理解しやすくなるはずです。

　行政書士の本質を理解すると、「行政書士は何者か」という"伝統的疑問"に一言で答えられるようになります。また、「行政書士は喰えない資格」「行政書士は早晩なくなる」といった"伝統的中傷"も意に介さなくなります。なによりも、行政書士を活用して自分の好きなことを仕事にしやすくできます。それでは、ご一緒に行政書士の本質を明らかにしていきましょう。

図表1-1 | 行政書士誕生までの概観

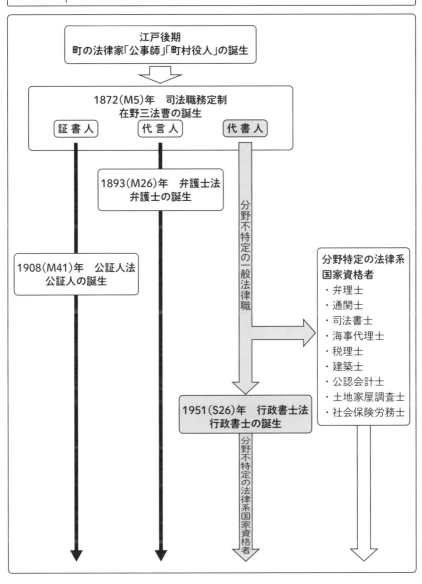

図表1-2 Chapter 1の俯瞰図

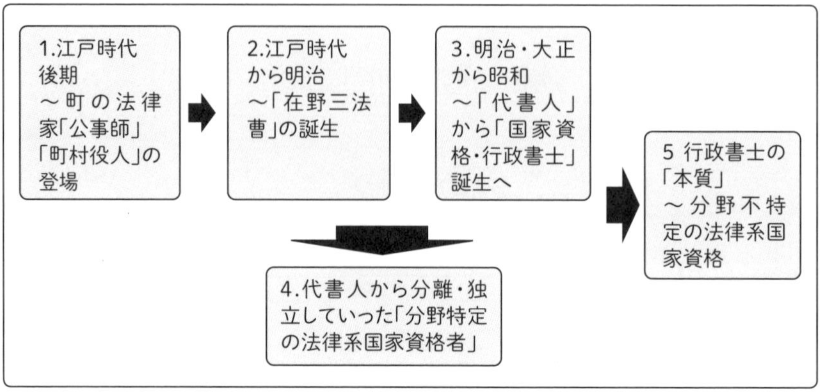

| 1.江戸時代後期
〜町の法律家「公事師」「町村役人」の登場 | → | 2.江戸時代から明治
〜「在野三法曹」の誕生 | → | 3.明治・大正から昭和
〜「代書人」から「国家資格・行政書士」誕生へ | → | 5 行政書士の「本質」
〜分野不特定の法律系国家資格 |

4.代書人から分離・独立していった「分野特定の法律系国家資格者」

1
町の法律家「公事師」「町村役人」
の登場　−江戸時代後期−

　行政書士の歴史は、江戸後期に誕生した「公事師」（くじし）や「町村役人」までさかのぼることができます。そこでまず、公事師について見てみましょう。

　江戸時代後期になると庶民の間で身分・相続関係、契約など、個人間の権利意識が高まってきました。さらに、紙の普及により、このような「権利・義務に関する書類」の作成が庶民の日常生活の中で重要になると同時に需要が高くなりました。

　この結果、庶民の中には三奉行（寺社奉行・町奉行・勘定奉行）や代官所に訴状を提出する者も現われてきました。しかし、自分で訴訟手続ができる庶民はそう多くはありませんでした。そこで、奉行所に提出する請願書類を庶民に代わって作成する**公事師**と呼ばれる「町の法律家」が登場しました。公事師は、町人・家主・御家人などの家族（二男・三男など）が家から独立して開業したようです。

　また、幕府行政が人口急増の影響で複雑になってくると、従来からの名主・庄屋等の村役人だけで庶民全体の書類作業務を担って法的保護を図ることが困難になってきました。そこで、庶民出身の**町村役人**が江戸後期における法律事務の主流を占めるようになりました。

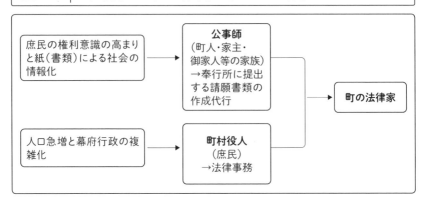

図表1-3 │ 江戸後期の「町の法律家」の誕生とその背景

2
「在野三法曹」の誕生
－江戸時代から明治－

　1867（慶応3）年12月、倒幕派が発した王政復古の大号令によって江戸幕府約260年の歴史に終止符が打たれました。

　明治政府は、1871（明治4）年7月に司法省と大蔵省を設立し、同年8月に廃藩置県を断行して国内の政治統一を成し遂げました。これにより、旧大名は単なる名誉職となり、倒幕派で構成される太政官中心の中央集権体制が確立しました。

　では、江戸後期に誕生した公事師や町村役人といった「町の法律家」は、明治にどのように姿を変えていったのか見ることにしましょう。

❶ 「司法職務定制」で「在野三法曹」が誕生

　司法省の組織構成と司法制度を明らかにするために、司法省は1872（明治5）年8月に**司法職務定制**を公布しました。司法職務定制は、初代司法卿・江藤新平が「近代日本における司法制度の基本計画」として制定したものです。

　司法職務定制は、**証書人・代言人・代書人**という民間の3つの職制（＝**在野三法曹**）を規定しました。

　在野三法曹の主な担い手は、江戸時代後期に活躍していた公事師・町村役人や廃藩置県で失職した元士族がなったようです。その他、地方では「戸長（後の町村長）が兼任してもよい」との通達も出たようです。

図表1-4 │ 在野三法曹の担い手

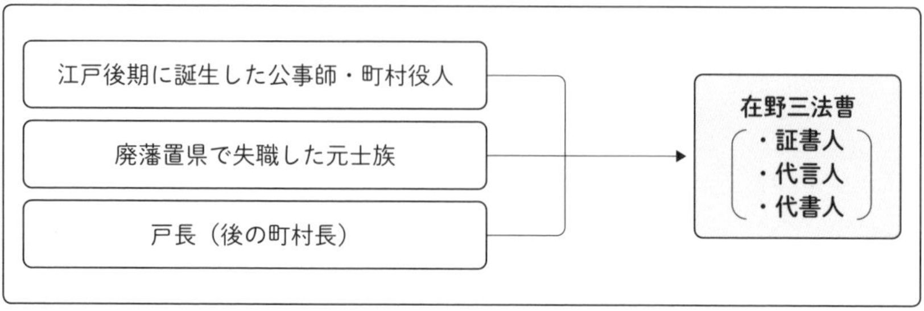

江戸後期に誕生した公事師・町村役人

廃藩置県で失職した元士族

戸長（後の町村長）

在野三法曹
・証書人
・代言人
・代書人

　そして、明治政府は司法職務定制の公布以降、以下の太政官布告を次々に公布しました。

1873（明治6）年6月　代人規則（代理人の規則）
1873（明治6）年7月　訴答文例
1876（明治9）年2月　代言人規則
1877（明治10）年7月　代書の規則
1877（明治10）年9月　太政官布告第50号
　　　　　　　　　　～契約書には実印の押印と自署（自書）を原則とした

　これらは、裁判制度を確立するために必要な裁判の証拠になる権利義務・事実証明に関する書類について規定したものです。このように、明治政府は権利義務・事実証明に関する書類を重視し、これらの書類作成に携わる者を代書人としたのです。

　「司法職務定制」で創設された在野三法曹のうち、証書人は公証人に、代言人は弁護士になっていきます。そして代書人はいくつかの専門士業に分化しながら戦後、昭和に国家資格者・行政書士となるのです。

図表1-5 | 司法職務制定で制定された在野三法曹とその後

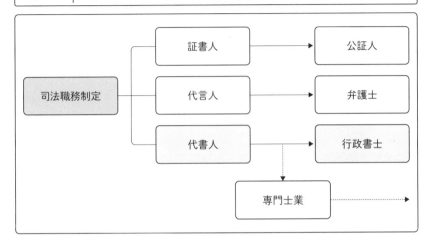

❷ 「訴答文例」で職務機能を明文化 ～「代書人強制主義」の採用

　司法職務定制では、代書人・代言人の「制度」を明記したにとどまっていました。そこで、代書人・代言人の訴訟手続上の「職務機能」を明らかにするために、明治政府は1873（明治6）年7月に日本初の民事訴訟法である**訴答文例**を公布しました。

　訴答文例は、代言人を訴訟手続上の「口頭主義」を担保する者、代書人を訴訟手続上の「書面主義」を担保する者とそれぞれの職務機能を規定しました。また、原告・被告の両者に、代言人の選任を「任意的」とする一方、代書人の選任は「強制的」とし代書人の選定を義務付けました（**代書人強制主義**の採用）。このように、明治政府は書類作成を重視していたことがわかります。

　代書人強制主義によって、原告・被告は必ず代書人を選任し、選任された代書人は訴訟関係や答弁書関係の書類を作成しました。その他、原告・被告に代言人の選任も勧告していたようです。

図表1-6	訴答文例における代書人・代言人の役割	
	代書人	代言人
意　義	訴訟手続上の「書面主義」を担保する	訴訟手続上の「口頭主義」を担保する
選　任	強制（代書人強制主義）	任意

　さて、ここで一旦、司法職務定制で規定された証書人と代言人のその後について目を向けてみましょう。

❸ 「証書人」から「公証人」へ

　証書人は司法職務定制で「土地の売買や担保の設定等の公証手続を専門とする法曹」と規定されました。つまり、証書人は現在の公証人の原型です。

　1886（明治19）年8月に**公証人規則**が公布され、公証制度が始まりました。公証制度とは、国民の私的な法律紛争を未然に防ぎ、私的法律関係の明確化・安定化を図ることを目的として、証書の作成等の方法によって一定の事項を公証人に証明させる制度です。

　公証人規則が発布された翌1887（明治20）年2月に実施された第1回の公証人登用試験には証書人も受験したと推測されます。

　1908（明治41）年4月に公証人規則を基に**公証人法**が公布され、公証人の職務権限に公証人規則で規定されていた「公正証書の作成」の他に「私署証書の認証」が加えられました。

　現在、公証人は、原則として裁判官や検察官あるいは弁護士として法律実務に携わった者で、公募に応じた者の中から法務大臣が任命しています（公証人法13条）。

　公証人は、中立・公正な立場で国の公務である公証事務を担い、国民の権利保護と私的紛争の予防の実現を使命として活動しています。裁判所が事後救済の役割を担っているのに対し、公証人は事前に紛争を予防する**予防司法**の役割

を負っています。また、行政書士との関係でいえば、会社設立の定款認証や公正証書遺言の作成等における大切なパートナーでもあります。

❹　「代言人」から「弁護士」へ

　代言人は「三百代言[1]」と揶揄されるなど社会的地位は高いとはいえませんでした。また、初期には資格制度が確立していなかったため悪質な者もいました。そこで、司法省は1876（明治9）年2月に**代言人規則**を制定して代言人の資格を検査による免許制にしました。一方、司法省は代書人については規則を制定しませんでした。

　次に、民事訴訟法の担い手を制度化するために、1893（明治26）年3月、**弁護士法**が制定されました。これにより代言人制度は消滅し、代言人は**弁護士**となりました。国家は、弁護士法制定により、訴訟手続の独占的担い手として代言人（弁護士）を指名したのです。

　しかし、当時の弁護士は司法省の監督下に置かれ、独占業務も法廷活動に限られていました。また、弁護士は裁判官や検察官よりも格下とみなされる風潮があり試験制度も異なっていました。弁護士の法廷外での法律事務の独占は、1936（昭和11）年の改正まで待たなくてはなりませんでした。

　その後、1949（昭和24）年6月の弁護士法全面改正で、弁護士が国家権力から独立し、自治により職業集団としての弁護士を統括する**弁護士自治**が実現しました。

　弁護士の使命は、弁護士法1条で「基本的人権を擁護し、社会正義を実現すること」であり、この使命に基き、「誠実にその職務を行い、社会秩序の維持及び法律制度の改善に努力しなければならない」と規定されています。

---

[1]　明治初期に、無免許で訴訟や裁判を扱った代言人を軽蔑して呼んだ言葉。「三百」は「銭三百文」の略で、わずかな金額、価値の低いことを表す。

3
明治・大正から昭和へ －「代書人」から「国家資格・行政書士」誕生へ－

　ご覧いただいたように、1872（明治5）年の「司法職務定制」によって誕生した証書人・代言人・代書人の在野三法曹のうち、証書人は1908（明治41）年に公証人法が、代言人は1893（明治26）年に弁護士法が制定されて、国家から存在意義を認められた「国家資格」の道を歩み出しました。

　一方、代書人は、社会の要請やそれぞれの専門性を基に、特許代理業者（現在の弁理士）・税関貨物取扱人（同通関士）・司法代書人（同司法書士）・海事代願人（同海事代理士）・税務代弁者（同税理士）等の**分野特定の法律専門職**を生み出していくことになります（P30・31【図表1-8】「行政書士と他士業の誕生までの流れ」参照）。

　このように、代書人から「分野特定の法律専門職」が続々と生まれていく中で、どのようにして代書人から「国家資格・行政書士」が誕生したのか見ることにしましょう。

❶　「代書人用方改定」で代書人の社会的地位が後退

　1873（明治6）年7月に公布された「訴答文例」で規定された訴訟手続における「代書人強制主義」は、1874（明治7）年7月に公布された**代書人用方改定**によってわずか1年で撤廃され、代言人・代書人ともに、その選任は任意とされました。さらに、代言人・代書人の代わりに親戚や知人を差添人（代理人）とすることも認められました。この**代書人強制主義撤廃と差添人許可**によって代書人の社会的地位は後退してしまいました。

❷ 自然普及的な発展とその弊害

　代書人用方改定が公布された以降、代書人から「分野特定の法律専門職」が次々と分離・独立していく一方、母体である代書人は**「分野不特定の一般（その他の）法律職」**として自然普及的に存続していきました。

　代書人は、法律で特に資格を定められることもなく、文字・文章を書くことができない人や書式手続に不慣れな人に代わって、「分野特定の法律専門職」が取り扱わない書類を作成して市町村役場・警察署等に提出する、いわゆる**行政代書人**[2]として業務を行っていました。

❸ 取締規則の制定（明治30年代）～取締りの対象となった代書人

　1893（明治26）年３月の弁護士法制定以降は、行政代書人・司法代書人を問わず、客引きや違法行為を行う悪質な代書人が現れて代書人の品位が問題となりました。そのため、各地で**代書人取締規則**が制定されました。この中で代書人は「他人の委託を受け、文書・図面の作製を業とする」（1904（明治37）年・警視庁令「代書業者取締規則」）、あるいは、「他人の委託により料金を受け文書の代書を業とする者」（1903（明治36）年・大阪府令「代書人取締規則」）等と定義されました。

　また、1906（明治39）年に制定された**代書業取締規則**では、代書人を「他人の委託を受け文書・図面を作成することを業とする者」（１条）と規定した他、「訴訟事件・非訴訟事件その他の事件に関し代書以外の関与をなし、または鑑定・紹介することを得ず」（４条）と規定して**弁護士との職域を明確に区別**しました。

---

[2]　司法関係の代書を業とする者は、一般に「司法代書人」と呼ばれ、後の司法書士につながってく。

　多くの代書人は、裁判所構内や警視庁・警察署・都道府県庁・市区町村役場の近辺に事務所を開設しました。その他、郵便局にも代書人がいたことが1919（大正8）年に制定された「郵便・電信・電話官署代書人規則」に記録されています。珍しい例では、病院内に事務所を設けて「出生届」などを代書していた代書人もいたようです。

❹ 「代書人規則」の制定

　1919（大正8）年に制定された**司法代書人法**の制定を機に、それまで警視庁や各府県で個々に制定されていた代書人取締規則は廃止され、翌1920（大正9）年11月に**代書人規則**が公布されました。

　代書人規則により、代書人の監督官庁は**内務省**となり、代書人の許可・指導権限は警察署長に統一的に帰属することになりました。

　代書人規則で代書人は「**他の法令**に反しない範囲で、他人の嘱託を受け、官公署に提出する書類その他権利義務または事実証明に関する書類を業として作成する者」（1条）と規定されました。これは、現在の「行政書士法1条の2」とほぼ同じ内容です。

　ここで言う**他の法令**とは、弁護士法・公証人法・司法代書人法を指します。この「他の法令に反しない範囲」（原文「他ノ法令ニ依ラスシテ」）という文言が、開業後の実務で注意が必要な**業際問題**（P19参照）に直結するので記憶しておいてください。

　そして、代書人規則は太平洋戦争の敗戦後、GHQ指令による内務省廃止に伴い失効する1947（昭和22）年12月31日まで存続することになります。

図表1-7 │ 「代書人規則」と「行政書士法」の業務の比較

代書人規則	行政書士法
第1条　本令ニ於テ代書人ト称スルハ**他ノ法令ニ依ラスシテ**他人ノ嘱託ヲ受ケ官公署ニ提出スヘキ書類其ノ他権利義務又ハ事実証明ニ関スル書類ノ作製ヲ業トスル者ヲ謂フ	第1条の2（業務）　行政書士は、他人の依頼を受け報酬を得て、官公署に提出する書類（中略）その他権利義務又は事実証明に関する書類（実地調査に基づく図面類を含む。）を作成することを業とする。 2　行政書士は、前項の書類の作成であつても、その業務を行うことが**他の法律において制限されているもの**については、業務を行うことができない。

---

❺ 法制化から取り残された行政代書人

　弁理士（1921（大正10）年・弁理士法成立）、司法書士（1935（昭和10）年・司法書士法成立）等の「特定の専門分野」を持つ士業は、「士業法」成立により次々に代書人から分離・独立して**「分野特定の法律系国家資格者」**となっていきました。

　一方、行政代書人は特定の専門分野を持たない**「分野不特定の一般法律職」**として存在していたため国家にその存在意義を明確に示すことができず、法制化の流れから取り残されてしまいました。くわえて、「代書人規則」は従来の警視庁令と各府県令で規定された代書人取締規則を踏襲した取締的性格が強いものでした。

　この事態を打開するために、警視庁管内代書人組合等の代書人組合は、昭和10年代に行政書士法制定運動を開始しました（**第1次行政書士法制定運動**）。この運動の目的は次の二つでした。

> ① 代書人の地位・社会的役割の正当な評価を得ること
> ② 「代書人」という職名に「士」を入れ、さらに司法書士と区別するために「行政」の文字を付けることによる「国家資格・行政書士」を実現すること

　この行政書士法制定運動により、行政書士法制定について国会で何度か審議されました。しかし、結局廃案となってしまい、第二次大戦の激化で法制化運動は中止となってしまいました。

❻ 「議員立法」による行政書士法の制定

　戦後、1947（昭和22）年4月に公布された「日本国憲法施行の際現に効力を有する命令の規定の効力等に関する法律」により、「代書人規則」は同年12月31日限りで失効し、監督省である内務省も廃止されました。このため、代書人はその存在の法的根拠を失い無法状態の下で業務を行う事態に陥ってしまいました。

　この結果、依頼者に不当に高額の報酬を請求したり、依頼者を欺いて損害を与える悪質業者が数多く出現しました。この事態に対して「行政書士条例」を制定して悪質業者の取り締まりに乗り出す自治体も出てきました。

　しかし、1950（昭和25）年当時、行政書士条例を制定した都道府県は20余に止まり未制定の地方が多数でした。そのため、国民の利便性向上と悪徳業者からの保護のために法制化を要望する動きが再燃しました（**第2次行政書士法制定運動**）。そして紆余曲折を経て、議員提案の形で行政書士法案が第10回国会に提出されました。この法案は1951（昭和26）年2月10日に成立し、同月22日に法律第4号として公布され、同年3月1日に施行されました。悲願の「国家資格者・行政書士」の誕生です[3]。

Column 2 「行政書士は必要ない」と拒否される

　行政書士法成立までの道のりが困難であったことを物語るエピソードをご紹介します。

　1948（昭和23）年の年末、内閣法制局の植松正氏（後の一橋大学名誉教授）・愛知会の加古雅弌会長・京都会の小出公美会長・大阪会の鈴江茂市会長・兵庫会の種本次左会長・東京会の生田目正重会長の以上6名を委員とする法案起草委員会が東京の西武池袋線練馬駅前の紀伊國屋において開催され、2日間を要して法案の起草が行われました。

　起草から3日後、この行政書士法案は法務省に提出されましたが、民事局長によって受理を拒否されてしまいました。その理由は、**「行政官庁の窓口事務を改善して行政簡素化を推進することが急務であり、また日本は文明国家であるから行政書士は必要ではない」**というものでした。その後、生田目会長は、植松氏の勧めにより法務省民事局長に面会して受理を懇願しましたが、ここでも聞き入れてもらえませんでした。

　このことがきっかけとなり、東京会の生田目会長は、友人や知人の助言を受け、内閣提出による法律制定から議員の発議による議員立法[4]の行政書士法制定を目指すことに方針転換することにしました。

（出典）『東京都行政書士会50年史』（東京都行政書士会行政書士制度50周年事業委員会編・2001年5月）

　このように、法務省民事局長から「行政書士は必要ない」と法案の受け取りが拒否されるなど行政書士法成立は困難を極めました。先人の尽力に

---

[3]　日本行政書士会連合会（行政書士法18条、略称：日行連）は、行政書士法が公布された2月22日を「行政書士記念日」と定め、行政書士の自覚と誇りを促すとともに、組織の結束と行政書士制度の普及を図っています。

　ちなみに、日行連の公式キャラクター「行政（ユキマサ）くん」は猫で、誕生日は2月22日です。猫の理由は、2月22日が「ニャン・ニャンニャン」で「猫の日」だからと言われています。

よって行政書士制度が今日まで存在していることを心に留めて次章で紹介する行政書士法をご覧ください。きっと理解が深まると思います。

4　議員によって法律案が発議され、成立した法律は、一般に「議員立法」と呼ばれています（もっとも、「議員立法」という表現は、成立の有無にかかわらず、議員が提出した法律案の全体や法律案の提出等といった議員による立法活動全般を指して用いられる場合もあります）。

　国会が「国の唯一の立法機関である」と定めた憲法41条からすれば、「議員が立法を行うこと」は当たり前であるかのように思われるかもしれません。しかし、内閣が法律案を作成して国会に提出すること（「内閣立法」と呼ばれます）があり、しかも、従来、我が国の立法では、内閣立法が中心を占めるものと言われてきたため、内閣立法と対比する趣旨で、ことさらに「議員立法」という表現が用いられてきたのです。

　議員立法は、国民から直接選挙された代表である議員が、その政策を法律の形に結実させるものです。近年、複雑多様な社会経済情勢を反映して質量ともに拡充しており、その重要性はますます増大しています（以上引用：衆議院法制局ホームページ）。

4

代書人から分離・独立していった「分野特定の法律系国家資格者」

　このように、行政書士は1872（明治5）年に制定された司法職務定制に代書人として誕生し、取締規則・代書人規則を経て1951（昭和26）年の行政書士法成立により国家資格の地位を得ました。

　一方、国家・社会の要請と特定分野の専門性を武器に、国家から独占業務を許与された「分野特定の法律系国家資格者」が代書人から続々と誕生していきました。後でお話ししますが、**行政書士制度を理解するには、他士業の業務内容を知ることが重要となります**。そこで、代書人から分離・独立していった「分野特定の法律系国家資格」の歴史とその概要を発祥の歴史順に見ることにしましょう。

Column 3　「他士業」の業務を知らないと「懲戒処分」を受ける危険度が高くなる

　次章で詳しく見ますが、行政書士は、行政書士法によって「官公署に提出する書類その他権利義務又は事実証明に関する書類を作成することを業とする」といったように広範な業務範囲を認められていますが、他士業の独占業務を行うことはできません。これは、他士業が代書人から「特定分野の専門士業」として分離・独立していった経緯を考えれば当然の成り行きです。そして、行政書士が他士業の独占業務を行った場合は行政書士法およびその士業法により罰せられることになります。

　このような他士業の独占分野を行ってしまうことを一般に「**業際問題**」と呼びます。実は、行政書士の懲戒処分の中で業際問題が占める割合は少なくありません。行政書士法の構成上、業際問題を回避するには他士業の概要を知ることは必須です。また、このことは、「行政書士の業務」を知ることにも必然的につながります。なお、業際問題について詳しくは、P51「他士業の独占業務を行ったことによる事件・処分事例（業際問題）事例」をご覧ください。

❶ 弁理士　～知的財産の専門家

弁理士の歴史

　弁理士の始まりは、1899（明治32）年に施行された**特許代理業者登録規則**に見ることができます。同年試験規則が制定され138名の代理業者が登録されました。特許の代理申請を業務にしていた一部の代書人が特許代理業者になったと考えられます。その後、1921（大正10）年に**弁理士法**が公布され「弁理士」という名称になりました。

弁理士の使命

　弁理士は、知的財産に関する専門家として、知的財産権の適正な保護および利用の促進その他の知的財産に係る制度の適正な運用に寄与し、もって経済および産業の発展に資することを使命としています（弁理士法１条）。

弁理士の業務

　弁理士の主な業務は、特許権・実用新案権・意匠権・商標権などの知的財産権の取得を希望する者の代理人として特許庁への手続きを行うことです。また、知的財産の専門家として知的財産権の取得についての相談をはじめ、自社製品を模倣されたときの対策、他社の権利を侵害していないか等の相談まで、知的財産全般について相談を受けて助言・コンサルティングを行うのも弁理士の仕事です。

　さらに、特許権・実用新案権・意匠権・商標権などの侵害に関する訴訟に、補佐人として、または一定要件のもとで弁護士と共同で訴訟代理人として参加することもできます（弁理士法４～６条）。

❷ 通関士　～通関業務の専門家

通関士の歴史

　通関士制度は、関税の申告納税制度への移行に伴い1967（昭和42）年に制

定された**通関業法**によって導入されました。なお、通関業法は1901（明治34）年に制定された**税関貨物取扱人法**を改正して制定されたものです。通関士制度は、適正かつ迅速な通関を実現する上で重要な役割を担っています。

通関士の業務

通関士は、国家試験である通関士試験に合格した者のうち、勤務先の通関業者の申請によって財務大臣の確認を受けて通関業務に従事する者をいいます（通関業法23・31条）。

通関手続を適正かつ迅速に行うには、通関業者が税関官署に提出する申告書類等の通関書類が適正であることが必要です。このため、通関業者は通関業務に関する専門的知識と経験を有する専門家である通関士を原則として通関業務を行う営業所ごとに置き（同法13条）、税関官署に提出する申告書類等の内容を審査させなければならないとされています（同法14条）。

❸ 司法書士　〜登記業務の専門家

司法書士の歴史

1907（明治40）年に、大阪地方裁判所令で、代書人として裁判所構内で代書業務を行っていた、いわゆる「構内代書人」を取り締まるために「区裁判所及出張所構内代書人取締規則」が制定されました。その後、明治から大正にかけての代書人の品位問題がきっかけとなり、司法省は「構内代書人取締規則」を原型として法案を作り、1919（大正8）年に**司法代書人法**が公布されました。司法代書人法は司法代書人を「他人の嘱託を受け、裁判所及び検事局に提出する書類の作成を業とする者」（1条）と規定し、**司法代書人と行政代書人と明確に分離**しました。

このように、司法代書人は司法代書人法によって民事訴訟法上の訴状・答弁書や不動産登記申請書、検事局へ提出する告訴状・告発状の作成を専門に行う代書人として代書人から分離・独立していったのです。

1874（明治7）年の代書人用方改定（P12参照）公布以降、訴訟は本人訴訟が原則となり弁護士選任は任意となったため、**本人訴訟の補完機関**として司法

代書人は位置付けられたわけです。また、民事事件と深く関わる**不動産登記**も裁判所の管轄となっていた関係上、訴訟関連書類作成に付随するものとして不動産登記申請書類の作成も司法代書人の業務範囲となりました。以上のことから、司法代書人は本人訴訟の場における「準法廷弁護士」としての役割を担って制度化されたと考えられます。

その後、1935（昭和10）年に**司法書士法**が公布され、司法代書人は**司法書士**と名称が変更されました。そして、戦後の1950（昭和25）年5月に司法書士法は全面改正されて現在に至っています。

司法書士の使命

司法書士は、司法書士法によりその業務とする登記・供託・訴訟その他の法律事務の専門家として、国民の権利を擁護し、もって自由かつ公正な社会の形成に寄与することを使命としています（司法書士法1条）。

司法書士の業務

司法書士は以下の業務を行っています。

① 登記または供託手続の代理

② （地方）法務局に提出する書類の作成

③ （地方）法務局長に対する登記・供託の審査請求手続の代理

④ 裁判所または検察庁に提出する書類の作成、（地方）法務局に対する筆界特定手続書類の作成

⑤ 上記①〜④に関する相談

⑥ 法務大臣の認定を受けた司法書士については、簡易裁判所における訴額140万円以下の訴訟・民事調停・仲裁事件・裁判外和解等の代理およびこれらに関する相談

⑦ 対象土地の価格が5,600万円以下の筆界特定手続の代理およびこれに関する相談

⑧ 家庭裁判所から選任される成年後見人・不在者財産管理人・破産管財人などの業務

❹ 海事代理士　～船舶関連業務の専門家

海事代理士の歴史

　海事代理士制度は、1908（明治41）年12月に制定された**海事代願人取締規則**による海事代願人制度から始まります。この制度は大正・昭和と約40年間続きましたが、戦後新憲法の発布に伴い、1951（昭和26）年3月に公布された**海事代理士法**によって法整備されました。

海事代理士とは

　海事代理士は、他人の委託により国土交通省や都道府県等の行政機関に対して、船舶安全法・海洋汚染等および海上災害の防止に関する法律・船員法・船舶職員および小型船舶操縦者法などの海事関係諸法令の規定に基づく申請・届出・登記その他の手続きをし、またはこれらの手続きに関する書類の作成を業とする者をいいます。

海事代理士の業務

　海事代理士が取り扱う主な業務は、以下の手続に関する相談に応じ適切な助言を行うとともに、当事者を代理して申請・届出・登記その他の手続きをし、及びこれらの手続きに関し書類の作成をすることです（海事代理士法1条）。

① 船舶の登記に関する手続き

② 船舶の測度・登録に関する手続き

③ 船舶の検査に関する手続き

④ 船員手帳・船員の雇入・船員就業規則などの船員の労働条件に関する手続き

⑤ 海技免状・小型船舶操縦者免許などの船舶に乗り込むための資格に関する手続き

⑥ 船舶による旅客運送・貨物運送または港湾運送などの船舶運航事業に関する手続き

❺ 税理士 ～税務の専門家

税理士の歴史

　明治政府は、1896（明治29）年に日清戦争後の財政負担増を賄うために**営業税法**を公布しました。これにより、税務相談を希望する者が急増したため税務に関する業務を行う税務代理業者が生まれました。

　しかし、税務代理業者の中には納税者の依頼に十分応えられない不適格者もいました。そこで、その取り締まりを目的として、1912（明治45）年5月に大阪府令で**税務代弁者取締規則**が制定されました（所管は警察官署）。

　その後、第二次世界大戦時下の財政重要度が高まった結果、税務行政の適正な運営を図る必要性が生じたため1942（昭和17）年、**税務代理士法**が制定されました。税務代理士法は、税務代理業務を行うことができる者を「税務代理士」に限定し、その資質の向上を図り、税務代理士となるには大蔵大臣の許可を要件としました。

　戦後、申告納税制度の採用や税務代理士制度の改正に関するシャウプ勧告等により「納税義務を適正に実現するには、職業専門家の援助を得ることが必要である」との見地から、従来の税務代理士法に代えて1951（昭和26）年6月に**税理士法**が制定されました。この税理士法には、税理士の職責・業務の範囲・税理士試験・事前通知制度などについて詳細な規定が設けられました。

税理士の使命

　税理士は、税務に関する専門家として、独立した公正な立場において、申告納税制度の理念にそって、納税義務者の信頼に応え、租税に関する法令に規定された納税義務の適正な実現を図ることを使命としています（税理士法1条）。

税理士の業務

　税理士は、他人の求めに応じ、租税に関し次の①～③に掲げる事務を行うことを業とし（税理士法2条）、税理士でない者は、税理士法に別段の定めがある場合を除くほか、税理士業務を行うことが禁止されています（同法52条）。

> ① **税務代理**…税務官公署（税関官署を除くものとし、国税不服審判所を含む）に対する租税に関する法令若しくは行政不服審査法に基づく申告、申請、請求若しくは不服申立てその他これらに準ずる行為（酒税法第2章の規定に係る申告、申請及び審査請求を除く）につき、又は当該申告等若しくは税務官公署の調査若しくは処分に関し税務官公署に対してする主張若しくは陳述につき、代理し、又は代行すること。
>
> ② **税務書類の作成**…税務官公署に対する申告等に係る申告書、申請書、請求書、不服申立書その他租税に関する法令に基づき、作成し、かつ、税務官公署に提出する書類又は電磁的記録を作成すること。
>
> ③ **税務相談**…税務官公署に対する申告等、①の主張若しくは陳述又は申告書等の作成に関し、租税の課税標準等の計算に関する事項について相談に応ずること。

　また、税理士は、税理士の名称を用いて、他人の求めに応じ、以上の3業務に付随して財務書類の作成・会計帳簿の記帳の代行その他財務に関する事務を業として行うことができます（同法2条2項）。ただし、この業務は税理士の独占業務とされていない「制限されていない業務」（＝非独占業務）なので行政書士も行うことができます。

❻ 建築士　～建築物の質向上の担い手

建築士の歴史

　1930（昭和5）年8月、警視庁令により**建築代願人規則**が制定され、後に「建築代理士」となって戦後の建築士が誕生しました。

　そして、建築物の設計・工事監理等を行う技術者の資格を定めて、業務の適正化をはかり、建築物の質の向上に寄与することを目的として、1950（昭和25）年5月に**建築士法**が公布されました。

建築士の職責

　建築士は、常に品位を保持し、業務に関する法令および実務に精通して、建

築物の質の向上に寄与するように、公正かつ誠実にその業務を行わなければならないとされています（建築士法２条の２）。

建築士の業務

　建築士法は、建築物の安全性などの質の確保を図るため、原則として建築士が建築物の設計・工事監理を行わなければならないとしています。

　建築士の資格には、一級建築士・二級建築士および木造建築士の３種類があり（建築士法２条）、建築物の規模・用途・構造に応じて、それぞれ設計・工事監理を行うことができる建築物が定められています（同法３条・３条の２・３条の３）。

❼ 公認会計士　～証券市場における財務諸表の信頼性確保の担い手

公認会計士の歴史

　職業会計人制度は、1927（昭和２）年の**計理士法**に基づく計理士の誕生から始まります。終戦後には財閥解体などによる経済民主化が進められ、1948（昭和23）年に証券取引法が導入されると、同年、計理士法が廃止され、新たに**公認会計士法**が制定されました。翌1949（昭和24）年には東京・大阪・名古屋をはじめとする８か所に証券取引所が開設され、1951（昭和26）年、初の証券取引法に基づく公認会計士監査が開始されました。このように、公認会計士制度は、証券市場における財務諸表の信頼性を確保するために誕生しました。

公認会計士の使命・職責

　公認会計士は、監査および会計の専門家として、独立した立場で財務書類その他の財務に関する情報の信頼性を確保することにより、会社等の公正な事業活動・投資者および債権者の保護等を図り、もって国民経済の健全な発展に寄与することを使命としています（公認会計士法１条）。また、公認会計士は、常に品位を保持し、その知識および技能の修得に努め、独立した立場において公正かつ誠実にその業務を行わなければならないとされています（同法１条の２）。

公認会計士の業務

　公認会計士は、財務書類の監査または証明をすることを業としています。その他、財務書類の調製をし、財務に関する調査もしくは立案をし、または財務に関する相談に応ずることを業とすることができます（公認会計士法2条）。

❽ 土地家屋調査士　〜不動産表示の登記・土地の筆界を明確にする専門家

土地家屋調査士の歴史

　1949（昭和24）年のシャウプ勧告による税制の抜本改革によって、国税であった固定資産税が市町村税に変わりました。そこで、今まで税務署で管理してきた「土地台帳」と「家屋台帳」を一元化して「課税のための台帳」から「現況を正しく表示するための台帳」に変更し、管轄も税務署から法務局（登記所）へ移行しました。

　これを機に台帳業務の適正を図ること、登記手続の円滑化、ならびに不動産による国民の権利を明確にする目的で、これらの業務を専門的に行うために1950（昭和25）年7月に**土地家屋調査士法**が公布され土地家屋調査士が誕生しました。

　土地家屋調査士の意義は、不動産の状況を調査・測量して位置を明確にし、正確な地積（土地の面積）を確定した上で登記簿に反映するところにあります。

土地家屋調査士の使命・職責

　土地家屋調査士は、不動産の表示に関する登記および土地の筆界を明らかにする業務の専門家として、不動産に関する権利の明確化に寄与し、もって国民生活の安定と向上に資することを使命としています（土地家屋調査士法1条）。また、常に品位を保持し、業務に関する法令および実務に精通して、公正かつ誠実にその業務を行わなければならないとされています（同法2条）。

土地家屋調査士の業務

　土地家屋調査士は、次の①〜⑤を業務としています（土地家屋調査士法3条）。

① 不動産の表示に関する登記につき必要な土地または家屋に関する調査および測量をすること
② 不動産の表示に関する登記の申請手続について代理すること
③ 不動産の表示に関する登記に関する審査請求の手続きについて代理すること
④ 筆界特定の手続きについて代理すること
⑤ 土地の筆界が明らかでないことを原因とする民事に関する紛争に係る民間紛争解決手続について代理すること。

※①〜⑤の事務に関して、相談に応じること等も業務に含まれる（同法3条6号）。

※⑤の業務については、民間紛争解決手続代理関係業務を行うのに必要な能力を有すると法務大臣が認定した土地家屋調査士（ADR認定土地家屋労務士）に限り、弁護士との共同受任を条件として行うことができる。

❾ 社会保険労務士　〜人事・労務分野の専門家

社会保険労務士の歴史

　戦後、労働三法（労働基準法・労働組合法・労働関係調整法）の制定によって、労働者の権利が法的に整備されました。さらに経済成長に伴い労使間の対立やストライキが頻発するようになりました。また、1960年代における日本経済の急成長によって、税収や企業からの社会保険料が増加し、厚生年金・健康保険・労災保険・雇用保険も制度化されました。しかし、補償の高額化・制度の複雑化に伴い、社会保険の仕組が複雑かつ煩雑化した結果、中小企業等では申請・給付に係る事務手続が困難となりました。そこで、これらに対応する専門家の必要性から、人事・労務・総務部門の業務を行う職業が発生しました。

　当初、これらの請負業務を合法的に行うことができる国家資格者は**行政書士**でしたが、以上の社会的背景により人事・労務分野の専門家が必要とされまた。そこで、労働および社会保険に関する法令の円滑な実施と事業の健全な発達と労働者等の福祉の向上に資することを目的として、1968（昭和43）年に**社会保険労務士法**が議員立法により制定され社会保険労務士が誕生しました。

制度発足時の経過措置として、引き続き6か月以上行政書士会に入会している行政書士は無試験で社会保険労務士資格を取得し（いわゆる「特認社会保険労務士」）、約9,000名の社会保険労務士が誕生しました。

社会保険労務士の職責

社会保険労務士は、常に品位を保持し、業務に関する法令および実務に精通して、公正な立場で誠実にその業務を行わなければならないとされています（社会保険労務士法1条の2）。

社会保険労務士法の業務

社会保険労務士は、労働・社会保険の問題の専門家として次の①〜⑤の業務を行います（社会保険労務士法2条）。

> ① 労働社会保険諸法令に基づいて申請書等を作成すること
> ② 申請書等について、その提出に関する手続きを代わってすること
> ③ 労働社会保険諸法令に基づく申請・届出・報告・審査請求・再審査請求その他の事項について、または当該申請等に係る行政機関等の調査もしくは処分に関し当該行政機関等に対してする主張若しくは陳述について代理すること
> ④ 個別労働関係紛争の解決手続（調停・あっせん等）の代理
> ⑤ 労務管理や労働保険・社会保険に関する相談等を行うこと
> ※④については、紛争解決手続代理業務試験に合格した「特定社会保険労務士」のみ行うことができます。

以上、Chapter1でご覧いただいた行政書士と他士業の誕生までの流れを次表にまとめたのでご覧ください。

図表1-8 | 行政書士と他士業の誕生までの流れ

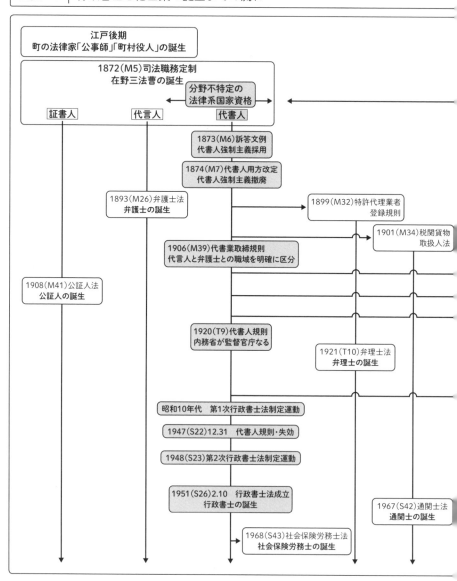

江戸後期
町の法律家「公事師」「町村役人」の誕生

1872(M5)司法職務定制
在野三法曹の誕生

分野不特定の
法律系国家資格

証書人　　　代言人　　　代書人

1873(M6)訴答文例
代書人強制主義採用

1874(M7)代書人用方改定
代書人強制主義撤廃

1893(M26)弁護士法
弁護士の誕生

1899(M32)特許代理業者
登録規則

1901(M34)税関貨物
取扱人法

1906(M39)代書業取締規則
代言人と弁護士との職域を明確に区分

1908(M41)公証人法
公証人の誕生

1920(T9)代書人規則
内務省が監督官庁なる

1921(T10)弁理士法
弁理士の誕生

昭和10年代　第1次行政書士法制定運動

1947(S22)12.31　代書人規則・失効

1948(S23)第2次行政書士法制定運動

1951(S26)2.10　行政書士法成立
行政書士の誕生

1967(S42)通関士法
通関士の誕生

1968(S43)社会保険労務士法
社会保険労務士の誕生

Chapter 1

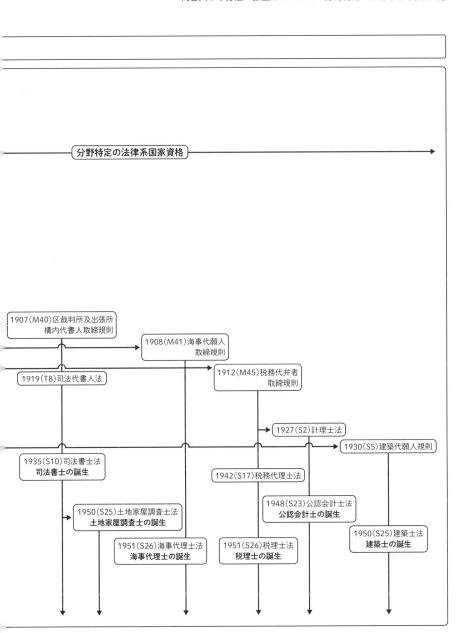

分野特定の法律系国家資格

1907(M40)区裁判所及出張所
構内代書人取締規則

1908(M41)海事代願人
取締規則

1919(T8)司法代書人法

1912(M45)税務代弁者
取締規則

1927(S2)計理士法

1930(S5)建築代願人規則

1935(S10)司法書士法
司法書士の誕生

1942(S17)税務代理士法

1950(S25)土地家屋調査士法
土地家屋調査士の誕生

1948(S23)公認会計士法
公認会計士の誕生

1950(S25)建築士法
建築士の誕生

1951(S26)海事代理士法
海事代理士の誕生

1951(S26)税理士法
税理士の誕生

5
行政書士の「本質」
－分野不特定の法律系国家資格－

　Chapter1を振り返りながら、行政書士の本質を導くことにしましょう。

　1872（明治5）年に明治政府が公布した**司法職務定制**によって、江戸後期に誕生した公事師と町村役人の「町の法律家」は、廃藩置県で失職した元士族らと共に証書人・代言人・代書人という**在野三法曹**となりました。

　その後、証書人は1886（明治19）年に公布された公証人規則で公証人となり、1908（明治41）年に公布された公証人法によって公証制度の担い手となりました。また、代言人は1876（明治9）年に制定された代言人規則で免許制となった後、1893（明治26）年の弁護士法制定により弁護士となり訴訟手続の独占的担い手となりました。

　このように、司法職務定制によって誕生した在野三法曹の内、証書人と代言人は早期に法により権限を許与された「国家資格者」として活動を開始しました。

　一方、代書人は「町の法律家」として官公署へ申請する書類や市民の権利義務・事実証明に関する書類の相談・作成など「広範な業務」を担っていました。すると、特定の分野に専門性を有する代書人が登場するようになりました。このことは、特定分野の実務を継続的に行えば、知識と経験知が蓄積され専門性が深くなるという必然的な成り行きといえます。

　そして、国は、国家・社会的要請に適う特定分野に専門性を有する代書人に対して士業法を制定して国家資格を許与しました。代書人から分離・独立した**分野特定の法律系国家資格者**の誕生です。分野特定の法律系国家資格者は「行政書士法の成立時」を軸にとすると次の3つに分類することができます。

① 行政書士法成立より前に「法律」制定により代書人から分離・独立した士業

誕生順に、弁理士・司法書士・税務代理士（後の税理士）・計理士（後の公認会計士）・建築士・土地家屋調査士

② 行政書士法成立より前に「規則」制定により代書人から分離・独立した士業

誕生順に、税関貨物取扱人（後の通関士）・海事代願人（同 海事代理士）

③ 行政書士法成立後に「法律」制定により行政書士から分離・独立した士業

社会保険労務士

このように、代書人から分野特定の法律系国家資格者が次々に誕生しましたが、官公署に提出する膨大な書類の一つひとつの分野に対して、分野特定の士業法を制定することは非現実的かつ非合理です。そこで、分野特定の法律系国家資格者が業として取り扱わない官公署に提出する書類に関する相談・作成・提出代理ならびに権利義務・事実証明の書類に関する相談・作成を担ってきたのが**分野不特定の一般法律職**である**行政代書人**でした。そして、行政代書人は、戦前の第1次行政書士法制定運動、戦後の第2次行政書士法制定運動による**行政書士法成立**によって「**国家資格・行政書士**」となりました。

以上の行政書士誕生までの歴史から、私は、行政書士という資格の本質を「分野特定の法律系国家資格」に対して「**分野不特定の法律系国家資格**」と定義します。つまり、行政書士の本質は「分野不特定」と「法律系国家資格」という2つの要素で構成されており、そのイメージを式に表すと次のようになります。

行政書士の本質＝「分野不特定」＋「法律系国家資格」

このように、分野を特定して代書人から分離・独立した他士業とは違い、「分

野不特定の法律系国家資格」として誕生した行政書士は、一般市民から「法律に携わる国家資格者（法律系国家資格者）」と理解されても、業務範囲が「分野不特定」であるため、具体的に何を行っているかわかりにくい存在であることは必然的かつ宿命的といえます。

　次章では、分野不特定の法律系国家資格である行政書士を具体的に知るために、行政書士制度を規律している「行政書士法」を見ることで、行政書士が「できること」「できないこと」そして「守らなければならないこと」をお話ししたいと思います。

行政書士が「できる」「できない」「守らなければならない」こと

Introduction

　Chapter1では、行政書士の歴史から、その本質を「分野不特定の法律系国家資格」と定義しました。

　そこで、Chapter2では、その「本質」を具体的に理解するために、行政書士制度を規律している「行政書士法」を見ることで、行政書士が業務として「できる」「できない」そして「守らなければならない」ことを法的観点からお話ししたいと思います。

　なお、行政書士法は全26条で構成されていますが、受験・開業を「する・しない」の判断に影響を及ぼす条文に絞って見ることにします。また、理解しやすくするために概要の説明に止めています。あらかじめご了承ください。

図表2-1 　Chapter 2の俯瞰図

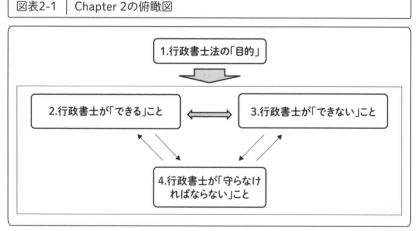

※本章で「法」は行政書士法を、「規則」は行政書士法施行規則を指します。

Column 4　行政書士試験から除かれた行政書士法

　行政書士法は行政書士試験の試験科目でしたが、2006（平成18）年度の試験科目から除かれてしまいました。この結果、新人行政書士のほとんどは、行政書士が行政書士法に基づいて「できる」「できない」「守らなければならない」ことを所属する行政書士会が主催する新人研修の場で初めて知るという事態を生んでしまいました。

　私はこのことが、行政書士の本質を理解しないまま受験・開業して「こんなはずじゃなかった」と後悔する方を生む原因の一つと考えています。

Chapter 2

37

1
行政書士法の「目的」

　行政書士が「できる」「できない」そして「守らなければならない」ことを見る前に、行政書士法の「目的」を確認しておきましょう。

　行政書士法は1条で行政書士法の目的を「行政書士の制度と業務規律を定めることによって、『行政に関する手続の円滑な実施に寄与する』とともに『国民の利便に資し』、そのことによって『国民の権利利益の実現に資する』こと」と規定しています。このことを図に表すと次のようになります。

図表2-2 ｜ 行政書士法の「目的」（法1条）

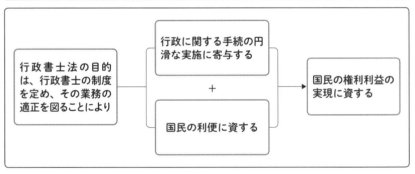

　行政書士は、行政書士法の目的を果たすための担い手です。したがって、**行政書士は、国民の権利利益の実現に資するために、「行政に関する手続の円滑な実施に寄与する業務」と「国民の利便に資する業務」を遂行する者**と定義できます。

2
行政書士が「できる」こと

　行政書士が業務として「できる」ことから見ることにしましょう。行政書士の業務は、「行政書士」という名称から「官公署に提出する書類作成だけ」と思われている方がいますが、官公署に提出する書類の作成以外にもできることがあることを確認してください。

❶ 書類の作成

　行政書士法は「行政書士は、他人の依頼を受け報酬を得て、官公署に提出する書類と権利義務又は事実証明に関する書類を作成することを業とする」（法1条の2第1項）としています。

　「他人」とは、自然人・法人その他の団体であるとを問いません。また、「官公署」とは、国または地方公共団体の諸機関の事務所を意味します。そして「業とする」とは、他人の依頼に継続・反復的に応ずる態勢で、見積書を提示するなど明示的または暗黙のうちに報酬を受けて業務行為を行うことと解されています。

　また、行政書士法は、行政書士でない者（＝「非行政書士」）が本条1項規定の行政書士業務を行うと、原則的に犯罪として罰則の適用を受ける（法19条1項本文「業務の制限」・21条2号「罰則」）という仕組みで、本条1項の書類作成業務が、行政書士の**独占業務**であることを保障しています。やや複雑な話しなので以上を図に表してみましょう。

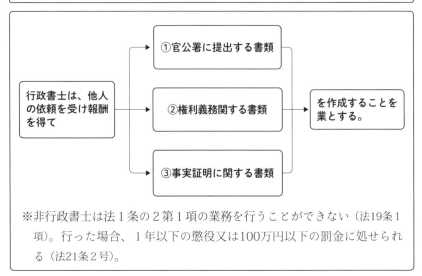

図表2-3 │ 行政書士の「独占業務」（法1条の2第1項）

行政書士は、他人の依頼を受け報酬を得て

①官公署に提出する書類

②権利義務関する書類

③事実証明に関する書類

を作成することを業とする。

※非行政書士は法1条の2第1項の業務を行うことができない（法19条1項）。行った場合、1年以下の懲役又は100万円以下の罰金に処せられる（法21条2号）。

このように、行政書士は、他人の依頼を受け報酬を得て、次の3種類の書類を作成することを業とします。

（1）　官公署に提出する書類
（2）　権利義務に関する書類
（3）　事実証明に関する書類

では、それぞれの書類について、具体的に見てみましょう。

（1）　官公署に提出する書類

官公署に提出する書類は次の4つに分類できます。

図表2-4 │ 官公署に提出する書類の4類型

	区　　分	具　体　例
①	利益的行政処分 〜行政手続法2条3号にいう「利益を	許可・免許・登録・認可・承認・確認・ 認定・指定・検査・免除または補助金

	付与する処分」（許認可等）を求める書類	交付・貸付など給付決定の「申請書」、あるいは不服申立書・審査申出書（法1の3①二）、弁明書（行政手続法29条）
②	法規または内規「要綱」等に基づく書類	届出書、報告書、同意書
③	上記①②に伴う「添付書類」	事業計画書・図面類・財務経理書類、職員履歴調査、誓約書、点検票など〜これは多く「事実証明書類」にも当たる
④	その他	警察機関あて告訴・告発状、また全般的に請願書・陳情書・上申書など

（2）　権利義務に関する書類

　「権利義務に関する書類」とは、権利の発生・存続・変更・消滅の効果を生じさせることを目的とする意思表示を内容とする書類を指します。権利義務は、私法上のものであると公法上のものであるとを問いません。また、売買・賃借・贈与・交換等の財産関係の書類であると婚姻の届出書類のような身分関係の書類も含みます。権利義務に関する書類は次の5つに分類できます。

図表2-5　｜　権利義務に関する書類の5類型

	区　分	具　体　例
①	契約書	売買・賃借・抵当権設定・請負・雇用・身元保証・示談　等
②	約款	契約申込書・請求書（内容証明郵便による）・就業規則　等
③	複数間の協議書	遺産分割協議書や建築工事紛争予防協議書　等
④	法人・団体の業務に係る資料	議事録および会議資料　等
⑤	会社・法人設立の必要書類	発起人会・創立総会・取締役会議事録・定款・株式申込書　等

（3） 事実証明に関する書類

「事実証明に関する書類」とは、社会的に証明を必要とする事項について「自己を含む適任者が自ら証明するために作成する文書（証明書の類）」を指します。事実証明に関する書類は次の３つに分類できます。

図表2-6 │ 事実証明に関する書類の３類型

	区　　分	具　体　例
①	各種の証明書	名簿・資格証明・社員履歴調書・会社業歴書・自動車登録事項証明書・交通事故調査報告書　等
②	経営会計書類	財務諸表（決算書・貸借対照表・損益計算書など）、商業帳簿（総勘定元帳・金銭出納簿など）、営業報告書　等
③	許可申請・届出書の添付書類	見取図・平面図・測量図　等

以上見てきた「行政書士が業として作成する書類」をまとめてみましょう。

図表2-7 | 行政書士が業として作成する書類（法1条の2第1項）

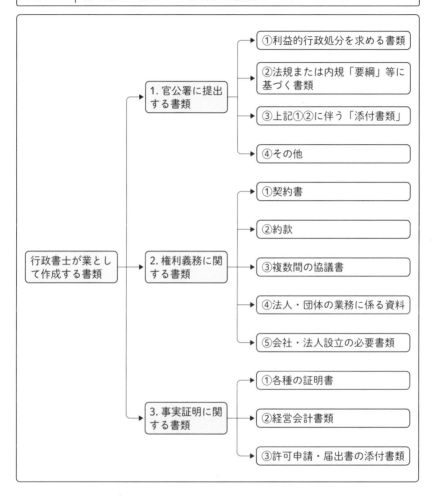

行政書士が業として作成する書類

1. 官公署に提出する書類
- ①利益的行政処分を求める書類
- ②法規または内規「要綱」等に基づく書類
- ③上記①②に伴う「添付書類」
- ④その他

2. 権利義務に関する書類
- ①契約書
- ②約款
- ③複数間の協議書
- ④法人・団体の業務に係る資料
- ⑤会社・法人設立の必要書類

3. 事実証明に関する書類
- ①各種の証明書
- ②経営会計書類
- ③許可申請・届出書の添付書類

Chapter 2

　「行政書士」という名称から、「行政に関する手続の円滑な実施に寄与する」（第1条「目的」）の部分のみに着目し、行政書士の業務のうち「官公署に提出する書類」に過度のウェイトを置いて、「権利義務又は事実証明に関する書類」について軽視したり「行政書士法の目的を逸脱しているのではないか」と誤解している人が少なからずいます。

　行政書士は、国民の利便に資するために契約書・遺言書・遺産分割協議書等の「権利義務又は事実証明に関する書類」の作成を通じて国民の権利利益の実現に貢献しています。このような誤解を解くためにも、実態に合った新たな名称が必要かもしれません。

❷ 書類作成以外にできること

　行政書士は書類作成以外にも次の3つの業務をすることができます（法1条の3第1項）。なお、これらの業務は、前述の法1条の2第1項の「独占業務」とは異なり、非行政書士でも業として行うことができます（非独占業務）。

① 代理人として官公署に書類を提出すること
　作成した書類を代理人として官公署へ提出すること（法1条の3第1項1号）。
② 代理人として「契約その他の書類」を作成すること
　法1条の2で作成できるとした「権利義務又は事実証明に関する書類」（＝「契約その他に関する書類」）を代理人として作成すること（法1条の3第1項3号）。
③ 「相談」に応ずること
　法1条の2で規定した「行政書士が作成することができる書類の作成」について「相談に応ずること」（法1条の3第1項4号）。

図表2-8 │ 行政書士の業務（法1条の2・法1条の3の関連性）

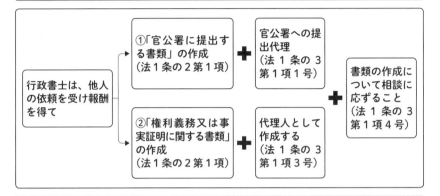

Chapter 2

Column 6　士業が「独占業務」を許与されている理由

　国が法により各士業に「独占業務」を保障する主な目的は、「依頼者・国民の利便に資するため」であって「士業の権益を保障するため」ではありません。

　国民に充実した法務サービスを提供するには、取り扱う業務に関して「専門家」と認められる深い知識と経験知が求められます。ふつう、専門家と認められるには「相当の研鑽」が必要です。「相当の研鑽」にはある程度の時間と金銭が付き物です。したがって、「相当の研鑽」の代償となるインセンティブが必要です（そうでなければ、「資格を取得してまで法律系国家資格者になろう！」という者がなかなか出てこないでしょう）。

　そこで、「相当の研鑽」のインセンティブが、国が法に基づいて特定の士業に特定分野の報酬を得る権利を独占的に保障する「独占業務」なのです。「独占業務」が保障されるという「安定した地位」を国から許与されることで、独占業務の研鑽に没頭できるという成り行きです。裏返して言えば、たとえ法で許与されている業務であっても、自らが専門性を有しない業務を行うことは、国民の利便を損ねることを意味しています。

　独占業務が許与されている趣旨を踏まえれば、行政書士を開業する場合は、法によって許与された業務範囲内で「専門分野」を見出して研鑽し、依頼者・国民の利便に資するために十分な準備をしてから開業することが求められます。

3
行政書士が「できない」こと

　以上お話ししたとおり、行政書士は、他人の依頼を受け報酬を得て、官公署に提出する書類を作成し、官公署へ代理人として提出することができます。また、権利義務又は事実証明に関する書類を作成でき、代理人としても作成することができます。くわえて、これらの書類の作成について相談に応ずることもできます。

　これだけ見れば、行政書士は、官公署に提出するすべての書類に関する相談・作成・提出代理と権利義務または事実証明に関するすべての書類の相談・作成・代理人としての作成をすることができると解されますが、そのようなことは当然ありません。そこで、行政書士が業として「できない」ことを見ることにしましょう。

❶ 行政書士業務は「他の士業法」の「制限」を受ける

　行政書士法は、官公署に提出する書類と権利義務又は事実証明に関する書類の作成について、「**その業務を行うことが他の法律において制限されているものについては、業務を行うことができない。**」（法1条の2第2項）として、作成できる書類の範囲を制限しています。

　同様に、書類作成に関する相談・官公署への代理人としての提出・契約その他に関する書類を代理人として作成することにも、「**他の法律においてその業務を行うことが制限されている事項については、この限りでない。**」として制限をかけています（法1条の3第1項本文ただし書）。

　このように、行政書士法の業務規定は、**他の士業法（＝分野特定の法律系国家資格）と異なり、自ら一定の範囲の書類の作成等を行政書士業務として積極的に規定（特定）するのではなく、「『他の法律』において制限されている書類の作成等を除くすべてを行政書士業務とする」という構成**を取っています。

　このような構成になったのは、代書人が従来作成していた「官公署に提出する書類その他権利義務又は事実証明に関する書類」から、代書人から分離・独立していった「分野特定の法律専門職」と「弁護士（代言人）」の業務を除いた「残った業務」が行政書士の業務となったという歴史的背景があります。

　このように、**行政書士の業務範囲は「他の士業法」が規定している業務範囲と密接に関連する**ことになります。

| 図表2-9 | 行政書士の「業務範囲」と「業務の制限」の関係 |

①「法1条の2第1項」と「同条2項」の関係

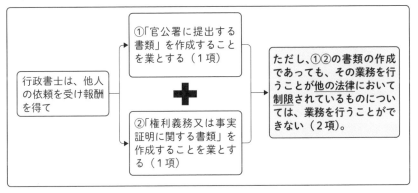

②「1条の3第1項」と「同条1項本文ただし書」の関係

行政書士は、前条（＝法1条の2）に規定する業務のほか、他人の依頼を受け報酬を得て、次に掲げる事務を業とすることができる。
・「官公署に提出する書類」の官公署への提出代理（1号）
・行政庁に対する不服申立ての手続代理・手続に関する書類作成（2号）
・「権利義務又は事実証明に関する書類」を代理人として作成すること（3号）
・官公署に提出する書類および権利義務又は事実証明に関する書類の作成について相談に応ずること（4号）

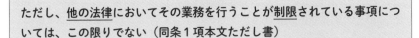

ただし、<u>他の法律</u>においてその業務を行うことが<u>制限されている事項</u>については、この限りでない（同条1項本文ただし書）

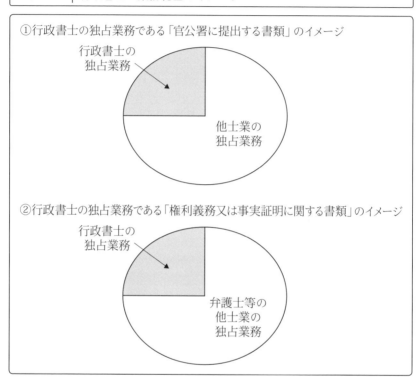

図表2-10 │ 行政書士の業務範囲のイメージ

①行政書士の独占業務である「官公署に提出する書類」のイメージ

行政書士の
独占業務

他士業の
独占業務

②行政書士の独占業務である「権利義務又は事実証明に関する書類」のイメージ

行政書士の
独占業務

弁護士等の
他士業の
独占業務

❷ 行政書士が行うことができない「他の法律」で制限されている業務

　お話ししたとおり、行政書士は「他の法律」で制限されている業務（＝他の士業の独占業務）を行うことができません。「他の法律」とは、具体的には「士業法」と称せられる弁護士法・司法書士法・税理士法・社会保険労務士法・建築士法・土地家屋調査士法・海事代理士法・弁理士法等を指します。

　そこで、行政書士の業務との関連でしばしば実務で問題となる弁護士の職務と行政書士の業務との関連について見ることにしましょう。

【弁護士の職務】

　弁護士は、当事者その他の関係人の依頼または官公署の委嘱によって、訴訟事件・非訴訟事件および審査請求・再調査の請求・再審査請求等行政庁に対する不服申立事件に関する行為その他一般の法律事務を行うことを職務とします（弁護士法3条1項「弁護士の職務」）。

　すなわち、弁護士の職務は法律事務を行うことであり、具体的には①裁判所における訴訟事件・非訴訟事件に関する行為②行政庁に対する不服申立事件に関する行為③その他一般の法律事務を職務とします。

　そして、弁護士法は72条で「弁護士ではない者」（＝非弁護士）の法律事務の取扱いを禁止しており、同条の規定に反した者は「2年以下の懲役または300万円以下の罰金に処する」と規定しています（同法77条）。

　ここで禁止しているのは、報酬を得る目的で業として訴訟事件・非訴訟事件および審査請求・再調査の請求・再審査請求等行政庁に対する不服申立事件その他一般の法律事件に関して、鑑定・代理・仲裁もしくは和解その他の法律事務を取り扱い、またはこれらの周旋をすることです。

　すなわち、「弁護士法72条は、市井のあらゆる法律事務について弁護士ではない者による取り扱いを禁止しているものではなく、一定の事件性（すなわち正常でない事態または変動を示す案件）を持ったものに限定して禁止していると解すことができます。したがって、一般社会において取り交わされる契約書類の作成を法律判断を加えながら行政書士が行うことも、何らかの紛議が予想されないものである限り弁護士法72条の禁止の対象外である」と考えられます（下線箇所『詳解行政書士法 第4次改訂版』P34より引用）。

　以上から、権利義務や事実関係に関して関係当時者間に法的主張の対立があり、制度的に訴訟などの法的紛争解決を必要とする相談（俗に言う「揉め案件」）は、行政書士は業として行うことができないと考えられます。

❸ 各士業の独占業務

　各士業の独占業務（＝行政書士が行うことができない業務）とそれに関する罰則を以下の表にまとめました。該当する条文を付したので、一度ご自身で当たっ

てみてください。

　その結果、「行政書士を開業したら行ってみたい」と考えていた仕事が他士業の独占業務に該当していれば、行政書士業務として行うことはできません。その場合は、行政書士試験ではなく他士業の試験を受験するか開業を見送るなどの方針転換が必要になると考えます。

図表2-11 │ 行政書士が行うことができない他士業の独占業務

	士　業	独占の業務内容	罰　則
①	弁護士	弁護士法３条１項（弁護士の職務）・72条（非弁護士の法律事務の取扱い等の禁止）	２年以下の懲役又は300万円以下の罰金（弁護士法77条３号）
②	司法書士	司法書士法３条（業務）・73条（非司法書士等の取締り）	１年以下の懲役又は100万円以下の罰金（司法書士法78条１項）。
③	税理士	税理士法２条１項（税理士の業務）・52条（税理士業務の制限）	２年以下の懲役又は100万円以下の罰金（税理士法59条４号）
④	社会保険労務士	社会保険労務士法２条（社会保険労務士の業務）・27条（業務の制限）	１年以下の懲役又は100万円以下の罰金（社会保険労務士法32条の２第１項６号）
⑤	弁理士	弁理士法４条１項（業務）・75条（弁理士又は弁理士法人でない者の業務の制限）	１年以下の懲役又は100万円以下の罰金（弁理士法79条３号）
⑥	海事代理士	海事代理士法１条（業務）・17条１項（海事代理士でない者の業務の制限）	６箇月以下の懲役又は２万円以下の罰金（海事代理士法27条）
⑦	一級・二級建築士	建築士法３条（一級建築士でなければできない設計又は工事監理）・３条の２（一級建	１年以下の懲役又は100万円以下の罰金（建築士法37条３号）

		築士又は二級建築士でなければできない設計又は工事監理）・3条の3（一級建築士、二級建築士又は木造建築士でなければできない設計又は工事監理）	
⑧	土地家屋調査士	土地家屋調査士法3条（業務）・68条1項（非調査士等の取締り）	1年以下の懲役又は100万円以下の罰金（土地家屋調査士法73条1項）

※各士業の業務内容についてはP19「代書人から分離・独立していった分野特定の法律系国家資格者」をご参照ください。

❹ 他士業の独占業務を行ったことによる事件・処分（業際問題）事例

　行政書士に登録すると日本行政書士会連合会から『月刊 日本行政』という機関誌が毎月届きます。そこには、法令違反をした行政書士に対して行政書士会または都道府県知事から下された処分事例がほぼ毎月掲載されています。その中から、「他士業の独占業務を行ったことによる事件・処分」（業際問題に係る事件・処分）をご紹介します。

　処分の内、業際問題に関する割合は高い傾向にあります。開業した場合は十分注意しましょう。

図表2-12 │ 他士業の独占業務を行ったことによる事件・処分事例

根拠法	内　　容
弁護士法違反	①被処分者は、不貞行為等に関する相談を受け、報酬を得る目的で、業として、弁護士法72条（非弁護士の法律事務の取扱い等の禁止）の「その他一般の法律事件」に関する法律事務を取り扱った（1カ月の業務の停止）。

	②交通事故被害者との委任契約に基づいて、弁護士資格がないのに、成功報酬を得る目的で、交通事故被害者を代理して、自動車損害賠償保険法に基づく後遺障害等級認定に関する異議申立てを行うとともに、自動車損害賠償責任保険額の請求を行い、本来交通事故被害者が受領すべき自動車損害賠償責任保険額を受領した（２カ月間の業務停止）。 ③弁護士ではなく、かつ、法定の除外事由がないにもかかわらず、報酬を得る目的で、依頼者Ａから不貞行為の慰謝料請求について依頼を受け、請求すべき慰謝料について自らの見解を示してＡに助言した上で、自らがＡから一任された「代理人」であると名乗る通告書を作成して、Ａに指示をし、Ａをして相手方に送付するなどした。 また、利益を得る目的で、自身のウェブサイトにおいて、弁護士法74条２項（非弁護士の虚偽標示等の禁止）に規定する法律相談その他法律事務を取り扱う旨の掲示をした（１カ月の業務の停止）。 ④依頼者が相続に関する紛争状態であったことを認識しながら、不正確な知識に基づいて調停申立てを勧め、調停申立て書類の作成・提出代理を請け負った。さらに、依頼者に紛争相手との対応をアドバイスし、その結果、さらに深刻なトラブルに発展させた可能性が認められる（６カ月の業務の停止）。
司法書士法違反	①司法書士でもないにもかかわらず、N県内の男女２人から依頼を受け、４回にわたり土地の所有権移転登記申請を行い、司法書士法違反（非司法書士行為）容疑で逮捕され、罰金50万円の略式命令を受けた（廃業勧告）。 ②司法書士資格を持たないにも関わらず、依頼者から依頼を受けて入国管理局への申請と併せて登記書類の作成を行い、K簡易裁判所より罰金30万円の略式命令を受けた（２カ月間の業務停止）。 ③司法書士会に入会している司法書士ではなく、かつ、法定の除外事由がないにもかかわらず、業として、依頼者から依頼を受け、

	1 カ月間に 3 回にわたり、株式会社設立に係る登記申請書を作成し、法務局または地方法務局に提出し、司法書士業務を行い、K簡易裁判所から司法書士法違反で罰金50万円の略式命令を受けた（2 カ月間の業務停止）。
税理士法違反	①被処分者は、税理士ではなく、かつ、法律に別段の定めがある場合でないのに、業として、依頼を受け、税務書類である所得税確定申告書を10年間にわたり少なくとも30回にわたり作成し、もって税理士業務を行った（2 カ月間の業務停止）。 ②被処分者は、自身が代表取締役を務める株式会社 A の業務に関し、税理士でないにもかかわらず、業として、有限会社 B ほか 6社から依頼を受けて、税務書類である同法人らの法人税確定申告書等合計22通を作成し、税理士業務を行ったとして罰金100万円の略式命令を受けた（1 カ月間の業務停止）。
社会保険労務士法違反	①被処分者は、社会保険労務士でないにもかかわらず、A 社から 6 年間にわたり依頼を受け報酬を得て、「労働者派遣事業の適正な運営の確保及び派遣労働者の保護等に関する法律」に基づく労働者派遣事業報告書等合計21通の作成及び提出に関する手続きの代行を行い、もって社会保険労務士業務を行ったことにより社会保険労務士法27条（業務の制限）に違反した（1 カ月間の業務禁止）。
弁理士法違反	①弁理士資格がないのに特許庁に商標登録を出願し報酬を得たとして、警視庁保安課は行政書士 A を弁理士法違反容疑で逮捕した。

※被処分者が特定できないように一部を改変しています（実際は、実名で掲示されています）。

4

行政書士が
「守らなければならない」こと

　行政書士が「できること」「できないこと」がわかったところで、最後に行政書士が「守らなければならない」ことと行政書士法に違反すると課せられる「懲戒処分」について見てみましょう。

❶ 行政書士の責務

　行政書士法は10条（行政書士の責務）で、「行政書士は、誠実にその業務を行なうとともに、行政書士の信用又は品位を害するような行為をしてはならない」と定めています。

　本条は、行政書士の資質を向上し、その業務が適正に行われることを目的に設けられたものです。行政書士がその業務を行うにあたってはこのような責務を負うのは当然のことですが、本条はその責務を法文の上において確認したものです。

Column 7　行政書士に「繰り返される」苦情

　東京都行政書士会は、月刊誌『行政書士とうきょう』に、依頼者から東京会に寄せられた「苦情」を毎年4月号に掲載しています。実は、その内容は業務遅滞等毎年ほとんど変わっていません。つまり、同じ過ちを繰り返しているということです。苦情の主な原因は次のとおりです。

・契約（受任）の成否をはっきりしない段階で業務を進めている
・行政書士の名称を貸していると疑われるようなことをしている
・依頼者との連絡を疎かにしている
・ホームページ・SNS等で誇大広告をしている
・業務の量・難易度に関する見通しを十分考慮しないで業務を進めてしまっている

　当前ですが、相談者・依頼者からすれば、開業1日目も10年目も関係のないことです。「初めてのご依頼なのでご迷惑をおかけすると思いますが、あらかじめご容赦ください」というわけにはいかないのです（そう伝えれば、普通はその時点で断られます）。

　依頼者とのトラブルを回避するためにも、開業をお考えの方は「行政書士名簿に登録されたその瞬間から行政書士」ということを肝に銘じて開業準備を進めてください。

❷ 秘密を守る義務

　行政書士業務が依頼者の権利義務と密接な関係を持つため、行政書士は個人の秘密を知る機会によく接します。そのため、行政書士が依頼者から知り得た情報を第三者に漏らすようなら、依頼者は安心して行政書士に相談できません。何より重大な人権侵害につながるおそれがあります。

　そこで、行政書士法は「行政書士は、正当な事由がない限り、その業務上自己が取り扱った事項について知り得た秘密を漏らしてはならない」（法12条・秘密を守る義務）と規定し、行政書士に守秘義務を課しています。さらに、「行政書士でなくなった後も、また同様とする」（同条）とし、登録を抹消され行政書士でなくなった後も守秘義務を負うとしています。

　守秘義務に違反すると、犯罪処罰とともに、それ自体で懲戒処分事由に該当し都道府県知事から業務禁止処分を受けることになります（法14条・行政書士に対する懲戒）。くわえて、1年以下の懲役または100万円以下の罰金に処せられます（法22条・罰則）。

Column 8　SNSと守秘義務

　受任した案件をSNSを通じて紹介している行政書士を見かけることがあります。それ自体は、実績を紹介することで依頼につながることもあるでしょうし、行政書士の業務を世間に知ってもらうことにもなるのでアリだ

と思います。ただし、その場合、守秘義務を念頭に置いて慎重に行わなければならないことは言うまでもありません。

❸ 行政書士に対する懲戒

　行政書士法は「都道府県知事は、行政書士が行政書士法もしくはこれに基づく命令、規則その他都道府県知事の処分に違反したとき又は行政書士たるにふさわしくない重大な非行があつたときは、当該行政書士に対し、**戒告・2年以内の業務の停止・業務の禁止**の処分を行うことができる」（法14条・行政書士に対する懲戒）とし、都道府県知事に行政書士に対する行政処分を行う権限を与えています。

　なお、行政書士が、刑法その他の法令違反の行為をした場合にそれらの法令の規定により罰則を課せられることがあるのは当然であって、併せて本条の処分をすることを妨げるものではありません。

❹ 懲戒処分は「公告」される

　行政書士法は「都道府県知事は、行政書士を懲戒処分したときは、遅滞なく、その旨を都道府県の公報をもって公告しなければならない」（法14条の5・懲戒処分の公告）と規定しています。公告の内容は、都道府県庁のホームページにも掲載されます。

　行政書士に相談しようとするほとんどの人は、相談する前に、相談を検討している行政書士についてインターネットで調べます。その結果、その行政書士が懲戒処分を受けた内容をネット上で見付けたら、ふつうは相談しないでしょう。したがって、懲戒処分の公告は事実上の行政書士業界からの退場を意味します。

| 図表2-13 | 都道府県知事が行う3つの行政処分と公告の関係（法14条「行政書士に対する懲戒」・法14条の5「懲戒処分の公告」） |

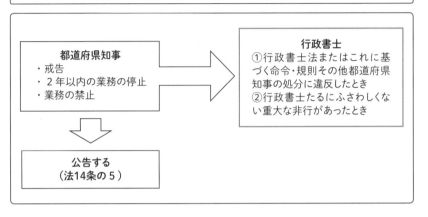

Column 9 「名称の使用制限」は「強い責任」の証し

　一般の方は、「行政書士」と聞くと、具体的に何者かわからなくても「法律系国家資格者」ということは理解してくれます。このことは、「法律系の国家資格者だから、依頼すれば責任を持ってきちんと仕事をしてくれるだろう」と思ってくれる「信用」につながります。

　そのため、行政書士法は「行政書士でない者は、行政書士又はこれと紛らわしい名称を用いてはならない」（法19条の2・名称の使用制限、以下「本条」という）とし、「行政書士でない者（非行政書士）」に対する名称使用の禁止を規定しています。さらに、本条の規定に違反して、行政書士またはこれと紛らわしい名称を使用した非行政書に対して、「100万円以下の罰金を処する」としています（法22条の4条）。

　行政書士は、国民の権利利益の実現に資するために、行政に関する手続きの円滑な実施および国民の利便性向上の要請へ的確な対応が求められています（法1条・目的）。これらはいずれも「強い責任」を伴うものです。

そのため、本法により、その資格を付与され、「独占的に業務を行う特別の地位」を認められています（法1条の2・業務）。

　本条は、行政書士でない者が行政書士またはこれに類似の名称を使用することを禁止することで、国民が非行政書士を行政書士と誤解して書類の作成を依頼し、不測の損害をこうむることを未然に防止する趣旨で設けられているのです。

　開業すると実感すると思いますが、読者が想像している以上に、一般市民の行政書士に対する印象は良いものです。信用して依頼をいただいたのに、信用を損なってしまう事態を招いては、依頼者への裏切り行為に止まらず、行政書士業界にもダメージを与えてしまいます。そのためにも、「依頼者に迷惑をかけない最低限の準備」をして開業に臨むことがマナーだと私は思います。

　なお、行政書士試験に合格した者は、「行政書士としての資格を有する者」であって、「行政書士」ではありません（法2条1号・資格）。

　行政書士となるには、日本行政書士会連合に備える「行政書士名簿」に登録を受けた後でなければ「行政書士」の名称を使用できません（法6条・登録）。開業前の営業行為として年賀状や暑中見舞いなどで開業準備をしていることをPRすることはよいですが、その場合は、「行政書士試験合格者」「行政書士有資格者」といった名称を使用して、「行政書士」とは明確に区分するようにしましょう。

「仕事」について考える

Introduction

Chapter1で行政書士の「本質」をその歴史から「分野不特定の法律系国家資格」と導き、Chapter2ではその「本質」を具体的に理解するために、行政書士制度を規律している「行政書士法」を見ることで、行政書士が業務として「できる」「できない」そして「守らなければならない」ことを法的観点からお話しました。いかがでしょう。本書を読む前と比べて行政書士の輪郭が大分つかめてきたのではないでしょうか。

ところで、程度の差はあるにしろ、読者の皆さんは「行政書士を『仕事』にしよう」と考えていると思います（そうでなければ本書を手に取らないでしょう）。そこで、いったん「仕事」について考えてみたいと思います。

理由は二つあります。一つは、仕事について考えると開業後の業務がイメージできて「受験する・しない」「開業する・しない」を判断しやすくなるからです。もう一つは、「仕事に対する構え」が開業の成否を決める重要な要素となるからです。では、ご一緒に仕事について考えてみましょう。

図表3-1 | Chapter 3の俯瞰図

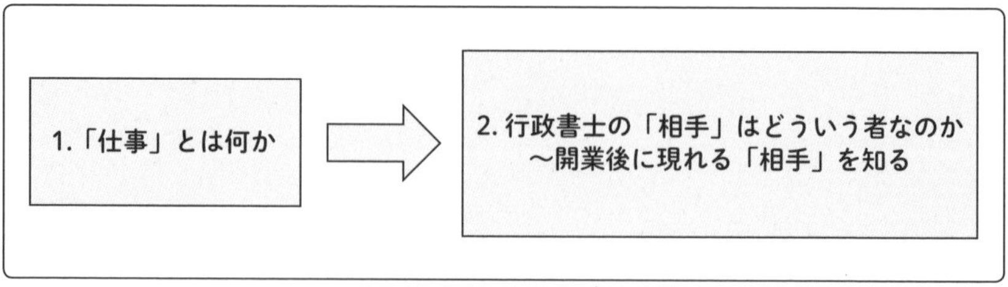

1.「仕事」とは何か → 2. 行政書士の「相手」はどういう者なのか ～開業後に現れる「相手」を知る

1
「仕事」とは何か
－仕事の成立要件－

「仕事とは何か」と改めて問われると戸惑ってしまうのではないでしょうか。そこでまず、仕事の成立要件について考えてみたいと思います。

❶ 仕事は「相手」がいて成立する

まず、「仕事」から連想することを挙げてみてください。

> 「仕事」とは、
> ・お金を稼ぐためにする（生活の糧を得るためにする）
> ・責任が生じる
> ・やらなければいけない
> ・やっていて苦痛（の場合がある）……

改めて考えてみると、どうもハッキリしないのではないでしょうか。ところで、物事を考えるとき、対立する概念について考察すると内容がハッキリしてくることが多々あります。そこで、仕事と対をなす「趣味」について連想してみましょう。

> 「趣味」とは、
> ・お金がかかる（場合がある）
> ・責任が生じない（無責任OK）
> ・やらなくてもよい
> ・やっていて楽しい　……

では、仕事と趣味を「お金」「責任」「（実行）する・しない」そして「気分」に分けて比べてみましょう。

図表3-2 ｜「仕事」と「趣味」の比較

区　分	仕　事	趣　味
お金	お金を稼ぐ	お金がかかる（場合がある）
責任	生じる	生じない
する・しない	やらなければならない	しなくてもよい
気分	苦痛（の場合もある）	快楽

　この表を見て気づいた方もいると思いますが、仕事と趣味の違いは「相手」の有無にあります。つまり、**「相手」がいるのが仕事、いないのが趣味**です。このことを次表で確認してみましょう。

図表3-3 ｜「相手」の有無による仕事と趣味の違い

区　分	仕　事＝「相手」がいる	趣　味＝「相手」がいない
お金	お金を稼ぐ →相手からお金をもらう	お金がかかる（場合がある） →相手からお金はもらえない
責任	生じる →相手に対して責任が生じる	生じない →相手がいないから責任は生じない
する・しない	やらなければならない →相手がいるから勝手に止められない（途中で止めると相手に迷惑がかかる）	しなくてもよい →相手がいないから、やりたくなければやらないで済む（途中で止めてもだれにも迷惑がかからない）
気分	苦痛（の場合もある） →相手がいるから気分が乗らなくてもやり通さなくてはならない	快楽 →ふつう楽しくないことを趣味にしない。もし、つまらなくなったら自分が止めればいいだけ

　このように、仕事は「相手」がいないと成立しません。つまり、「相手」がいることが仕事を成立させる第一要件です。

❷ 仕事は相手に「価値」を提供して成立する

　趣味は自分のためにする「内向き」のものです。だから自己満足で構いません。自分さえ気持ちよければよいのです。たとえば、カラオケが趣味の人が、リサイタルを企画して知人を招待したとします。本人はお世辞にも上手いと言えない（ハッキリ言ってヘタ）歌声で気持ちよく歌っていても、オーディエンスは趣味でやっていると理解しているので、「（趣味だから）仕方ないか……」と我慢して付き合ってくれます。

　一方、歌手として歌うことを仕事にしていたらそうはいきません。コンディション不良でひどい歌声で観客に聞かせたらクレームになってしまいます。「金返せ！」と言ってくる人もいるかもしれません。「体調不良でも全力を尽した。頑張ったネ、自分」では済まされないのです。

　仕事の評価は「相手」である「顧客」（＝価値の受け手）がするものであって、自己評価は無意味です。そして、その評価は顧客から支払われる対価として表現されます。

　以上から、「仕事」とは「趣味」ではないもの。すなわち、**相手（＝顧客）に「『相手にとっての価値』（＝顧客価値）を提供することで成立するもの**と定義できます。ですから、「顧客価値」を提供できなければ仕事を成立させることはできないことになります。

Chapter 3

2

行政書士の「相手」はどういう者なのか
－開業後に現れる「相手」を知る－

「仕事」は「相手」に顧客価値を提供することで成立することを確認しました。当然、仕事において相手を知ることは重要です。そこで、行政書士の「相手」について考えてみることにしましょう。

❶ 「相手」は困っている

行政書士のもとには「官公署（役所）の手続」や「私人間の権利義務」に関することで「困っている人」が訪ねてきます（間違っても「困っていない人」は訪れません）。実際に相談者からよく聞く声を紹介しましょう。

【事例1　官公署の手続関連】

・「申請内容がややこしくて理解できない」
・「書類の作成方法がよくわからない」
・「許可期限（更新期限）が目前に迫っている」
・「（スナックの）開店日が迫っている」（役所への届出や役所から許可を得ないと営業できない職種）
・「取引先から『（建設業の）許可を取得しないと仕事を回さない』と言われてしまった」
・「（役所の雰囲気が苦手なので）役所に代わりに行ってほしい」
・「忙しくて役所に行く暇がないので代わりに役所に行って欲しい」　等々

【事例2 私人間の権利義務関連（相続関連の事例）】

- ・「親が死亡して何から手を付けたらよいのかわからない」
- ・「（死亡した親の）預金口座が凍結されて払戻しができなくなってしまった」
- ・「（死亡した親の）預貯金を払い戻すために銀行から様々な資料や書類の提出を求められているが手に負えない」
- ・「銀行から亡親が生まれてから死亡するまでと相続人全員の戸籍謄本を提出するように言われたがどうしたらよいかさっぱりわからない」
- ・「平日会社を休んで役所や銀行に行くことができない」
- ・「遺産分割協議書を作成してみたが、法的に万全か不安」
- ・「遺言書を作成してみたが、この内容で死後に自分の願いが本当に叶うのか不安」 等々

❷ 「相手」の「3段階」の行動パターン

　困っているからといって、直ぐには行政書士の事務所に訪れません。一般に、相手は次の3段階を踏んで行政書士の面前に「相談者」として現れます。

　図表3-4 ｜ 相手が行政書士の面前に現れるまでの3段階

困りごと発生

第1段階：自己救済の道を探る（自分で解決しようとする）
- ・ググる（インターネットで調べる）
- ・詳しそうな人（友人・知人等の素人）に聞いてみる
- ・本で調べてみる
- ・役所・士業・金融機関等が主催する無料相談で聞いてみる 等々

→調べていくうちに知識が蓄積して「セミプロ化」するが、結局解決できない。

第2段階：時間の経過とともに不安が「切実」なレベルに達してしまう

→問題が深刻化し自己救済を断念する

第3段階：行政書士の目の前に「相談者」として現れる

❸ 相手にとっての「価値」

行政書士の相手は**相談者**として面談の場に現れます（まだ依頼されていないので**依頼者**ではない点に注意）。そして、相談者は「**今、自分が抱えている先が見えない切実な悩みを速やかに解決したい**」と切に願っています。

したがって、「相談者にとっての価値」は、「**今、自分が抱えている先が見えない切実な悩みを速やかに解決すること**」です。つまり、**仕事とは顧客価値を実現すること**といえます。

❹ 顧客価値を実現する「3つのキーワード」と「3つの力」

行政書士の業務（仕事）において、顧客価値を実現するには、「**先が見えない**」「**切実**」そして「**速やか**」の3つがキーワードになります。そして、顧客価値を実現するには各キーワードに呼応する「**俯瞰力**」「**専門力**」そして「**段取力**」の3つの力が必要になります。逆に言うと、「3つの力」が備わっていなければ顧客価値を実現することは困難だということです。「3つのキーワード」と「3つの力」の関連性を次表でご確認ください。

図表3-5	相談者の「顧客価値」を実現する「3つのキーワード」と「3つの力」の関連性

	キーワード	内　　容	求められる力
①	**先が見えない**	解決までの先行き不透明感が悩みを必要以上に大きくする。	面談の場で悩みを解決するまでの道筋（＝ロードマップ）を示す力**➡俯瞰力**
②	**切実**	時間の経過とともに事態が深刻化してしまった。	切実な（深刻化している）悩みを解決する力**➡専門力**
③	**速やか**	一刻でも早くこの悩みを解決したい（「業務遅滞」は依頼者の期待を裏切る行為になる）。	切実な悩みを速やかに解決する力**➡段取力**

❺ 「専門家」とは

　本書では、顧客価値を実現する「３つの力」（俯瞰力・専門力・段取力）を備えている者を**「専門家」**といいます。逆に言うと、専門家の領域に入らないと顧客価値を実現することは困難だということです。

　専門家と認められるには、ふつう「相当の研鑽」が必要です。「すぐ」に専門家になろうと思っても、そうは問屋は絶対に卸しません。それに、すぐに専門家になれるとしたら、わざわざ行政書士にお金を払って依頼をする必要がなくなってしまいます。そうなったら行政書士は商売上がったりでしょう。

　このような話を聞いてしまうと、「専門家になるのは厳しいな」「行政書士を仕事とするのは大変そうだな……」「自分には無理な気がする」と感じてしまうかもしれません。「はじめに」で書いたように、「受験する・しない」「開業する・しない」の判断材料を読者に提供することが本書の目的の一つですから、ここで「受験しない」・「開業しない」と決断するのもアリだと思います。

　でも、せっかくここまでお読みいただいたのですから、もう少し私の話にお付き合いください。次章では行政書士の「分野不特定の法律系国家資格」という本質を活用して、自分の「好き」なことの「専門家」として「仕事」ができる方法をお話したいと思います。「止めよう」と決めるのは次章の話を聞いた後でも遅くありません。では、先に進みましょう。

行政書士を活用して「好き」なことを「仕事」にする方法

Introduction

　先にお話したとおり、行政書士の本質である「分野不特定の法律系国家資格」は、「分野不特定」と「法律系国家資格」の２つの要素で構成されています。

　まず、「分野不特定」という要素ですが、業務の分野が特定されていないため、必然的に市民から「何をしてくれるのかわかりにくい存在」（ハッキリ言うと"正体不明"）とみなされる「弱み」につながってしまいます。しかし、「分野不特定」は裏返せば「広範な業務範囲」を意味します。つまり、「分野不特定」という構成要素を活用すれば、自分が「好き」なことを行政書士業務に紐付けして、行政書士業務として「仕事」にできる可能性があるということです。

　次に、もう一つの「法律系国家資格」という要素には、仕事にとって不可欠な「信用」が内在しています。したがって、「法律系国家資格」という要素を活用すれば、仕事を受けやすくなります。

　そこで本章では、行政書士の本質を構成する「分野不特定」と「法律系国家資格」の２つの要素を活用して、「好き」なことを「仕事」にする方法についてお話したいと思います。

| 図表4-1 | Chapter 4の俯瞰図 |

| 1.「分野不特定」に内在する「広範な業務範囲」を活用する | | 2.「法律系国家資格」に内在する「信用」を活用する | = | 「好き」なことを「仕事」にできる。 |

1
「分野不特定」に内在する「広範な業務範囲」を活用する

　専門分野を持たないで開業してしまうと、顧客価値を実現できないので、集客や受任が思うようにできず、「相続業務で上手くいかなかったから、次は入管業務だ！」「入管業務でも思うようにいかなかったから、次は建設業だ！」「建設業でもダメだったから、次は風俗営業だ」といったように、行政書士の「分野不特定」という広範な業務範囲の森をさまよい歩き、その挙句「**自分が何をしたいのかわからなくなってしまう**」といった行政書士にありがちな"負のスパイラル"に陥る危険が高くなってしまいます。これでは、行政書士を受験・開業した意味がなくなってしまいます。では、開業後に"負のスパイラル"を回避するにはどうしたらよいのでしょうか。

❶　「好き」なことを専門分野にする

　専門分野と言えるレベルに達するには、専門書を読んだり、条文を当たってみたり、研修に参加するなど「**相当の研鑽**」が必要になります。

　しかし、「相当の研鑽」は艱難辛苦（hardship）が伴うのが世の常です。人は苦労が伴うことにはしたくないし、したとしても挫折する可能性が高くなります。しかし、相談者から「さすが専門家は違う！」と言われるレベルの専門分野を持たないと、「この人なんだか頼りないな……」と思われて受任できないし、運よく受任できても「速やかに悩みを解決する」という顧客価値を実現できず、業務遅滞を発生させて依頼者との間にトラブルを抱えてしまうおそれがあります（実際、業務遅滞による依頼者からの苦情や懲戒処分は多い）。

　苦労しないで専門分野を確立したいものですが、このような"虫のいい話"はあるでしょうか。実は、あります。それは「**専門分野の選択基準**」にあります。

つまり、「**専門家に達するプロセスを楽しめる分野**」を基準に選択すればよいのです。「専門家に達するプロセスを楽しめる分野」とは、「**好き**」なことに関連している分野です。「分野不特定」という行政書士の本質の構成要素を活用して、自分の「好き」なことが行政書士業務に紐付け（リンク）できれば、「好き」なことを「行政書士業務の専門分野」に仕立てることができるのです。

「**好き**」**なことに夢中になるのは人間の本性**です。だから「好き」なことを学んでいるときは苦になりません。周りから「やめろ！」と言われてもやり続けることができます。するとどんどん知識が深くなります。知識が深くなると周りから頼りにされます。周りから頼りにされると受任につながっていきます。依頼を受けるたびに経験知が豊富になります。経験知が増えるに比例して"高い受任率"と"満足行く報酬"が得られるようになります。

「**好きこそものの上手なれ**」という諺のとおり、好きなことを突きつめれば、気が付いた時には「専門家」と認められる頼りがいがある存在になって、仕事も好循環のゾーンに入って行くという成り行きです。

❷ 「嫌い」なことはしない

「好きなことを専門分野にしましょう」と言われても、「何が好きなのか自分でもよくわからない」という方は多いのではないでしょうか。実際、好きなことを見出すのは案外難しいものです。そういう場合は「好き」の反対の「嫌い」なことを書き出してみましょう。嫌いなことは好きなことより比較的簡単に思い浮かぶのではないでしょうか。

そして「嫌い」なことに関係することはやらないことです。なぜなら、嫌いなことを学ぶことが苦行となり、専門家と呼ばれる領域まで達することがまずできないからです。実際、私自身、今までの人生を振り返ってみて嫌いなことがモノになったためしがありません（これからもないと確信しています）。みなさんはいかがでしょうか。

❸ 「実績」を専門分野にする

実績がある分野を行政書士業務の専門分野にすることも可能です。実績があ

れば、既に知識と経験は豊富でしょうし、なにより「相手」（顧客）のニーズを知っていることは強みです。それに、実績がある分野の根底には「好き」な気持ちがあるのが常です。つまり、**「好き」だから継続的に夢中になれた結果として「実績」を残せた**という成り行きです。

ただし、ここで注意が必要なのは、**「実績」と「経歴」を混同しない**ということです。実績は「成果」を上げたもので、それに伴う知識と経験は現在進行形で今でも役立つものです。一方、「経歴」は、「○○会社で部長をしていました」といったように過去完了形で、仕事に関して言えば今ではほとんど役に立ちません。

相手となる相談者の関心は「経歴」ではなく「実績」です。実務で役立つのも「実績」です。企業を退職後、セカンドキャリアとして行政書士を開業した人の中に延々と「経歴」を語る方がいますが、聞かされている方は「昔話はわかったから、今はどうなのよ」といった感じでさほど興味がないので挨拶程度に止めておいた方が無難です。このように**「実績」と「経歴」は似て非なるもの**です。

次表に実績を専門分野にして活躍している行政書士をご紹介します。この機会にご自身の実績をたな卸ししてみてはいかがでしょうか。ご自身の中に、既に実績による専門分野が眠っているかもしれません。

【実績を専門分野にした事例】

- 南米ペルーとの貿易実績
  - →対ペルーのビジネスに関するコンサルティング
- 市役所の職員として環境分野での実績
  - →企業の環境関連の許認可取得を含めたコンサルティング
- 企業の法務部で取引先との契約書の作成・リーガルチェックの実績
  - →中小企業の法務アドバイザー
- 介護タクシーの運転手の実績
  - →介護タクシーの開業手続支援および経営サポート
- ペットショップでのトリマーの実績
  - →動物愛護管理法に関連する業務　等々

Chapter 4

Column 10 「専門分野は必要か？」という問いに透けて見えること

「まずは集客（営業）！ 専門分野は仕事を取ってから決めろ」「最初から専門分野を絞らないで、取った仕事はやりながら覚えろ！」という先輩行政書士がいます。確かに、行政書士の業として行うことができる業務範囲は広範にわたるので「あれもこれもできますよ！」と宣伝しまくる方が仕事にありつけそうな気がします。

しかし、広い業務範囲を「まずは営業！ 来る者は拒まず！」といった「なんでもやる」とう姿勢で、きちんとした仕事が果たしてできるでしょうか。「何でもできるは何にもできない」「下手な鉄砲は数撃ってもまず当たらない」のは世の常です。「専門分野必要ですか？」という問いには、「手っ取り早く儲けたい」「専門分野を習得する面倒を避けたい」という「相手」となる相談者・依頼者不在の"自分本位"の姿勢、すなわち「自分さえよければいい」という"趣味的"思考が透けて見えます。

開業すると実感すると思いますが、相談者は「自分の悩みを解決してくれる専門家」として行政書士のもとにやってきます。したがって、面談の場で「さすが専門家は違う！」と思われるパフォーマンスを提供できなければ、相談者は失望してしまうので受任は相当困難です。

「集客」と**「受任」は別物**です。集客を優先するあまり「集客できても受任できない」という"負のスパイラル"に陥らないように注意しましょう。

2

「法律系国家資格」に内在する「信用」 を活用する

　Chapter3で、仕事は「相手」がいて成立することを確認しました。つまり、相手から「あの人に任せておけば大丈夫だ」といったように信用されなければ依頼を受けることはまず無理です。しかし、信用を得るのはそう簡単ではありません。そこで、行政書士に内在している「法律系国家資格」としての信用を活用するという観点が「好き」なことを専門分野として仕事にするのに役立ちます。

　行政書士に対する信用は、次にお話しする「行政書士法」と「行政書士試験」の２つに基づいています。なお、行政書士に内在している信用を活用する場合、行おうとする分野に関しては、顧客価値を実現できる能力的担保（＝専門性）を有していることが当然に前提になることをお忘れないようご注意ください。

❶ 「行政書士法」に基づく信用

　行政書士に対する信用の一つは、行政書士法に内在しています。Chapter1で行政書士の歴史をご覧いただいたとおり、国家資格として認められるには法制化、すなわち、**国家からその存在意義を認められる**という高いハードルをクリアしなければなりませんでした。そして、行政書士は苦難の末、行政書士法成立により「法律系国家資格」の地位を得ました。

　また、Chapter2でご覧いただいたとおり、行政書士法は、行政書士に報酬額の掲示義務・依頼応諾義務・守秘義務・業務上の誠実・品位方正義務等の**法的義務**を課しています。くわえて、行政書士は、行政書士法もしくはこれに基づく命令・規則その他都道府県知事の処分に違反したときまたは行政書士たる

にふさわしくない重大な非行をした場合は、都道府県知事から、行政処分を受ける場合があります（行政書士法14条、P56参照）。しかも、行政書士は、行政処分を受けるとその内容を当該都道府県の公報をもって公告されます（同法14条の5）。また、守秘義務違反等をした行政書士は罰則も課せられます（同法12・22条、P55参照）。このように、行政書士は行政書士法が定める専門士業として法の規律の下で業務を行っています。

　行政書士は、行政書士法という法律系国家資格に規制される下で存在し活動することで、市民から「行政書士に頼めば間違いないだろう」と信用されて相談・依頼されるのです。

❷ 「行政書士試験」に基づく信用

　「行政書士に内在している信用」のもう一つは、「行政書士試験」に基づく信用です。行政書士試験は、「まえがき」でお話ししたように「法律系国家資格の登竜門」とよく言われます。確かに弁護士・司法書士と比べれば難易度は低いことは否定できません。しかし、ここ10年（2013〜2022年）の合格率は、最低8.27％・最高15.72％・平均11.53％です。つまり、**100人受験して約90人は不合格になる試験**です。

　しかも、試験科目の法令科目は広範に及び一般知識科目まであります。300点満点で合格するには180点以上が必要です。その上、全体の得点とは別に、各科目に足切り点が設けられています。法令科目で244点中122点以上、一般知識科目で56点中24点以上を取れなかった場合は不合格となります。

　このように、行政書士試験に合格するのは決して楽ではありません。行政書士試験の合格は、世間から**「一定の法的能力を有する者」**と認知され、このことが「信用」につながり、市民は安心して行政書士に相談・依頼できるのです。

図表4-2 │ 最近10年間における行政書士試験結果の推移

（単位：人）

年　度	受験申込者数	受験者数	合格者数	合格率（％）
2013（平成25）	70,896	55,436	5,597	10.10
2014（平成26）	62,172	48,869	4,043	8.27
2015（平成27）	56,965	44,366	5,820	13.12
2016（平成28）	53,456	41,053	4,084	9.95
2017（平成29）	52,214	40,449	6,360	15.72
2018（平成30）	50,926	39,105	4,968	12.70
2019（令和元年）	52,386	39,821	4,571	11.48
2020（令和2）	54,847	41,681	4,470	10.72
2021（令和3）	61,869	47,870	5,353	11.18
2022（令和4）	60,479	47,850	5,802	12.13

（一般財団法人行政書士試験研究センターホームページより）

Chapter 4

図表4-3 │ 行政書士試験の試験科目

試験科目	内容等	出題形式
行政書士の業務に関し必要な法令等 （法令科目）	憲法 行政法 民法 商法 基礎法学	択一式・記述式 （多肢選択式）
行政書士の業務に関連する一般知識等 （一般知識科目）	政治・経済・社会 情報通信・個人情報保護・文章理解	択一式

以上ご紹介したように、行政書士の「分野不特定の法律系国家資格」という本質を構成する「分野不特定」という要素を活用すれば実績を含む「好き」なことを「専門分野」にして仕事ができる可能性が高くなります。また、「法律系国家資格」という要素を活用すれば、仕事をする上で大切な「信用」を得て仕事を受けやすくなるというアドバンテージを享受できます。

つまり、行政書士という資格には、**「分野不特定の法律系国家資格」という本質によって、「法律系国家資格」という信用をバックに、自分が「好き」なことを「専門分野」として「仕事」ができる可能性が秘められている**のです。

| 図表4-4 | 行政書士を活用して「好き」なことを「仕事」にするメカニズム |

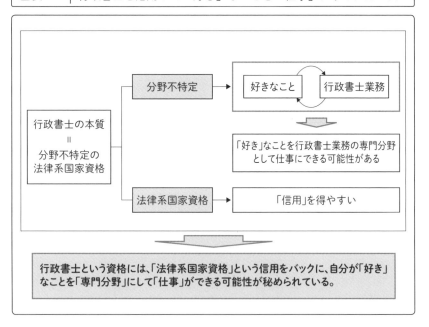

次のChapter5では、5人の行政書士の活動をご紹介します。行政書士の「分野不特定の法律系国家資格」という本質をそれぞれの行政書士がどのように活用しているのかに注目してお読みください。

Column 11　開業の挨拶の主語は「私」であって「行政書士」ではない

　開業の挨拶で、名刺を渡して「行政書士です。よろしくお願いします」と言っても、ほとんどの人が「法律系の国家資格者」で思考が停止してしまいます。このことは、行政書士の本質である「分野不特定の法律系国家資格」の構成要素の一つである「分野不特定」を考えれば、当然といえます。

　開業直後から行政書士を活用して仕事を行いたいのなら、開業の挨拶をするまでに、専門分野の業務を決めて研鑽する必要があります。そして、開業の挨拶では「私は、○○を専門にしている行政書士です」といったように、「私」を主語にして挨拶をできるようにしておきましょう。

　反対に「行政書士は、○○や□□、それに△△など広範囲な業務を行います。その他まだまだたくさんできます。だから、行政書士である私になんでも相談してください！」といったように「行政書士」を主語にして挨拶をしても、相手は「行政書士の業務はなんとなくわかったけど、あなたは私にいったい何をしてくれるの？」「なんでもできると言っているけど、なんだか胡散臭いなぁ」といった感じで依頼に結び付く可能性は低いでしょう。

　なお、資格の難易度で行政書士を卑下する人がいますが、私の経験上、一般の方は資格試験の難易度にさほど興味を示しません。興味があるのは、資格の種別ではなく「自分の悩みを速やかに解決してくれるか」、つまり「顧客価値の実現」の一点です。

Chapter 4

本音で語る
5人の開業ストーリー

　私は、行政書士の開業を目指している方をサポートする「行政書士合格者の
ための開業準備実践ゼミ」を2017年から主宰しています。その元ゼミ生と現
役講師に「行政書士になるまで」「行政書士になってから現在まで」「今後の抱
負」そして「受験・開業を目指す方へのメッセージ」を本音で語ってもらいま
した。
　「5人の行政書士が『分野不特定の法律系国家資格』という行政書士の本質
をそれぞれどのように活用しているのか」という観点で読んでみてください。
今までお読みいただいた内容が具体的におわかりいただけると思います。な
お、インタヴューは、2022年11月に実施しました。

1
「行政書士」と「ライター」の
二刀流で新境地を開く

遠田　誠貴　行政書士
【プロフィール】
1979年　愛知県出身
2002年　東京大学文学部卒
　テレビ制作会社を経てフリーライターに。
2016年　法律知識ゼロの状態から99日間の勉強で行政書士試験の一発合格を
　果たす。その経験を基に2018年に『99日で受かる！行政書士試験最短合格
　術』（税務経理協会）を著す。
2017年9月　遠田行政書士事務所　開業（https：//tooda-law.net/）

【行政書士になるまで】
　私はバラエティ番組を見るのが好きだったので、大学卒業後、TV制作会社
に就職してアシスタントディレクター（AD）をしていました。ADは取材交渉
やロケ地の手配など番組制作のための雑用全般を担当します。無理なスケ
ジュールの仕事がほとんどでしたが、時間に追われる中で効率的な仕事の進め
方を身につけることができたので、今思うと勉強になりました。
　ただ、いざ働いてみると、私はテレビを「見る」のが好きでテレビ番組を「制
作する」のが好きではないことに気付きました。そこで、TV制作会社を3年
半ほどで退職しました。
　退職後は、もともと本を読むことと文章を書くことが好きだったので、フ
リーライターとしてお笑い関連の記事を書くようになりました。
　その後、ライターを副業として出版社に就職して書籍や雑誌の編集の仕事を
しました。その頃、資格の本を読んで税理士に興味を持ち、手始めにFPの試
験を受けたところ3級・2級と合格することができました。その後、パソコン

雑誌関連の部署に異動を命じられたのですが、仕事の内容に興味がわかなかったこともあり、出版社を退職して、ライターをしながら税理士試験の受験勉強をすることにしました。

　しかし、勉強を進めているうちに、自分は税理士には向いていないと感じるようになりました。ちょうどその頃、原稿の依頼が順調に増えてきたので、税理士試験の勉強を止めてライター一本で仕事をするようになりました。そして、2009年に初めて自分の著書を出すことができました。

　あるとき、行政書士の資格の存在を知りました。それまで法律を学んだことはなかったのですが、何となく興味があって試験を受けてみることにしました。法律系国家資格の中では簡単な方だと聞いていたので「なんとかなるだろう」と甘く考えていたのですが、いざ受験勉強を始めるとなかなか手強い内容でした。しかも、受験を決めたときには試験日まで残り３カ月ぐらいしかありませんでした。そこで「合格すること」だけに焦点を絞って、戦略を立てて受験に臨みました。受験直後には自己採点をしてみて不合格だと思い込んでいたのですが、幸いにもギリギリで合格できました。このときの経験をもとにして行政書士試験の戦略的勉強法をまとめたのが『99日で受かる！行政書士試験最短合格術』です。

【行政書士になってから現在まで】

　竹内豊先生の「開業準備ゼミ」を受講したりして開業に向けて準備をした後、2017年９月に遠田行政書士事務所を開業しました。

　私は海外旅行が好きで、外国人を支援する仕事に興味があったので、入国管理業務を専門分野に選びました。

　集客手段は主にウェブのリスティング広告を使っています。ウェブ広告の運用には試行錯誤が必要ですが、何とかそれなりに受任できるようになりました。しばらく続けていると、一度仕事を受けたお客様からのリピート案件や紹介案件なども入ってくるようになりました。

　官公署に提出する申請書などの書類を完璧に仕上げるには細部に至るまで注意が必要です。私は細かい事務作業がそれほど苦ではないので、書類作成が性

Chapter 5

に合っています。行政書士は、やるべきことをやっていれば結果が出る仕事なので、やり甲斐があります。

【今後の抱負】

　これからも行政書士とライターの二刀流で仕事を行っていくつもりです。今後は、行政書士の経験を生かして、行政書士の仕事を題材にした漫画の原作や小説を書く仕事もやっていきたいと思っています。

【受験・開業を目指す方に一言】

　行政書士の業務範囲は広範なので、自分の「好き」なことを行政書士業務として仕事にできる可能性があります。国家資格なのでお客様から信頼も得られます。行政書士を自分に合った方法で活用して夢や目標を実現してください。

2
「実績」を武器に依頼者とともに
夢を実現中

山田　まゆみ　行政書士
【プロフィール】
1961年　東京都出身
1984年　東京経済大学卒
　大学卒業後商社に入社するも2年目に夫の海外赴任を機に退職。以降20年
　間の専業主婦を経て金融庁に入庁
2019年　行政書士試験合格
2020年1月　行政書士山田まゆみ事務所　開業

【行政書士になるまで】

　大学卒業後、商社に就職し結婚しました。すると、夫の海外赴任の話が出ました。海外赴任の条件が、妻が同行することだったことと、当時、女性は結婚したら専業主婦が当たり前という風潮があったこともあって、仕事を続けたかったのですが、やむなく2年で退職し、アメリカに3年間滞在しました。

　帰国後、20年間専業主婦をしました。子育ても一段落したので、「もう一度働きたい」と思い、金融庁に就職しました。意外かもしれませんが、金融庁は民間から多数採用しているのです。

　私は「女性など社会的弱者の地位向上に貢献したい」また「自分の言葉で仕事をしたい」とかねてから思っていました。その気持ちを抱えたまま「65歳の定年まで役所にいていいのだろうか」という疑問を抱くようになりました。

　そこで、独立できて、しかも法律によって社会的弱者の方をサポートできる行政書士の受験を決意しました。働きながらの受験でしたが4回目で合格することができました。

Chapter 5

合格直後に受験予備校の合格祝賀会に参加しました。そこでは、「早く開業しよう！」といった開業を競うような風潮がありました。しかし、試験の知識レベルでは依頼者に充実した法務サービスを提供できないと思い、開業準備に向けて実務に関する勉強を1年間しました。

【行政書士になってから現在まで】

　開業準備もある程度できたので、2020年1月に行政書士山田まゆみ事務所を開業しました。しかし、直後にコロナ禍になってしまいました。先行きに不安を感じていたときに、行政書士会の支部の先輩行政書士から「持続化給付金」や「補助金」の仕事を紹介していただきました。

　補助金申請を希望する依頼者にお会いすると、コロナ禍で事業継続が困難な状況に陥って不安を抱えていました。このような状況下で、依頼者は「金融機関」と「役所」の審査をクリアしなければなりません。そこで、金融庁での「審査する側」の経験が生きました。まず、依頼者から今後どのように事業を進めていきたいかをじっくりお聞きしました。次に、その話を基に依頼者と事業計画を練り、審査側が「補助金を給付するに値する」と納得できる「事業計画書」を事実関係に基づき作成しました。そして、申請人の「代理人」として申請書類等を作成し、金融機関・行政間の関係を調整して依頼者と一緒にゴールを目指しました。

　もちろん、補助金を受けるには行政が設けた基準をクリアする必要があります。お話をお聞きして基準を満たしていない場合は、相談者に受任できない理由をご説明して、お断りすることもあります。仕事では「NO」と言えることも大事だと思います。

　補助金を受けた依頼者が事業計画を実現して成長していく姿を拝見して、依頼者の夢を一緒に叶える「伴走者」としての喜びを感じています。

【今後の抱負】

　開業当初からの「社会的弱者の地位向上に貢献する」というコンセプトを柱に、女性・子ども・高齢者・外国人の方を中心に、行政書士業務を通してサポートしていきたいと考えています。

【受験・開業を目指す方に一言】

　行政書士の開業に関して「甘い言葉」をよく見聞きしますが、そういうことは「まずない」とお考えください。焦る必要はありません。自分が専門分野にしようと考えている業務の勉強をするなど「準備」をしてから開業することをお勧めします。

　行政書士になってみて、行政書士という資格は使いようによって自分と依頼者の「夢」を実現できる資格だと実感しています。行政書士に関心がある方は挑戦してみてはいかがでしょうか。

Chapter 5

3
行政書士で「学び」を「仕事」に活かす

渡邊　愛里　行政書士
【プロフィール】
1989年　福島県出身
2012年　桐朋学園大学卒
　大学卒業後、和光大学オープン・カレッジで女性学講座を受講後アルバイトの傍ら同大ジェンダーフォーラム読書会に参加し女性学を学ぶ。
2016年　行政書士試験合格
2017年10月　行政書士事務所メーヴェ　開業（https：//moeweairi1030.wixsite.com/website）
　著書『行政書士のための新しい家族法務実務家養成講座』（税務経理協会・2018）

【行政書士になるまで】

　実家は福島県で3代続く動物病院で両親も獣医です。生まれたときから獣医になることを運命付けられていた私には職業を選択する自由はありませんでした。しかし、自分は獣医になることを受け入れることができず、精神的にも辛い日々を過ごすようになり、摂食障害に苦しむようになってしまいました。そんな私の姿を見て、両親は獣医以外の道を歩むことを認めてくれました。

　大学は音大に進み「音楽学」を専攻しました。音楽学は「音楽の世界から社会を見る」学問です。そこで私は「ジェンダー」という言葉を初めて知りました。ジェンダーとは、簡単に言えば「文化的・社会的に構築され、私たちに割り当てられた男女の差異」です。例えば、音楽室に飾られている大作曲家の肖像画は男性だけです。不思議ではありませんか？　そして、外国の文献を読み込むなどしてジェンダーについて調べた結果、私の今まで抱えていた辛さは

「ジェンダー」と「家族のあり方」に関係していることを確信しました。

「もっと深く学びたい」と思い、女性学の草分け的存在である井上輝子先生（和光大学名誉教授・1942-2021）の市民講座に週1回1年間かけて通って女性学を学びました。そして、ジェンダーと家族に関する分野に、「研究の視点ではなく、個々人の人生に直接的に関わっていきたい」と考えるようになりました。ただ、摂食障害は23歳の頃に完治しましたが、就職して毎日同じ時間に働く自信がなかったので「独立」してできることが条件でした。そこで調べたところ行政書士が私の希望にピッタリの資格であることがわかり受験を決意し、幸い1回で合格できました。

【行政書士になってから現在まで】

私は、育った環境が3世代同居で幼いころから大人の会話を聞いていたこともあって、人の話を聞くのが得意です。そのことは相談業務に活かされていると思います。

開業後は、井上先生の女性学のメンバーから遺言や「おひとりさま」（主に高齢者の一人暮らしの女性）に関するご相談をいただいてます。また、2022年11月末に、女子大学でゲストスピーカーとして「ジェンダーと家族」に関する授業をするなど知識と経験を発表する場が増えてきています。このように少しずつですが、自分の理想に近づいている実感があります。

開業して実務を行うと、「法律をもっと知りたい」という気持ちが強くなりました。そこで、2021年から中央大学法学部通信教育課程に在籍しています。ここで学んだ知識を活かして、より充実した法務サービスを依頼者にご提供したいと考えています。

【今後の抱負】

今までは「おひとりさま」からのご依頼が中心でしたが、これからは「パートナーシップ」の分野にも積極的に関わり、多様な生き方を支える仕事をしていきたいと考えています。また、自分の経験を「自分より若い世代」に伝えていきたいと思っています。

Chapter 5

【受験・開業を目指す方に一言】

　私は自己紹介をするときに、「行政書士です」ではなく「『家族法務』を専門にしている行政書士です」とお伝えしています。「行政書士」というと、一般の方は「法律系国家資格」と理解してくれますが具体的に何をする人なのかはわかりません。行政書士を開業するまでに「準備」をして、開業後に名刺交換をするときに「○○を専門としてる」と言い切れるようにしておくと仕事に結び付きやすいと思います。

　専門分野は何を選べばよいのかわからない方は、自分の「歴史」を見直して、自分が「好きなこと・嫌いなこと」・「できること・できないこと」を基準に書き出してみてはいかがでしょうか。すると、どうしても譲れない「切実なもの」が浮かび上がってくるはずです。この「切実なもの」が行政書士の広範囲な業務のいずれかにリンクすれば、行政書士業務として成立するはずです。

　開業してみて、行政書士は自分がやりたいことを仕事にできる「一本の芯」の役割を果たしてくれる資格だと実感しています。「自分の好きなことを独立して仕事にしたい！」と思っている方は、受験・開業にチャレンジしてみてはいかがでしょうか。

4

「行政書士」と「社会福祉士」で
独自のサービスを展開

長島　愛　行政書士

【プロフィール】

1985年　埼玉県出身

2008年　立教大学卒

　　在学中に「女性福祉」を学び社会福祉士の資格を取得。

　　卒業後、男女共同参画センター、東京都配偶者暴力相談支援センターで専門員を務めた後、弁護士事務所でパラリーガル、よりそいホットラインに従事する。

2020年10月　行政書士登録　ひだまり行政書士事務所　開業（https：//www.hidamari-a.com/）

【行政書士になるまで】

　　私は大学で女性福祉を学ぶ機会を得ました。女性福祉はさまざまな理由で困難を抱えている女性の救済を目指しています。女性福祉を専門に研究している先生に「もっと詳しく知りたい」と気持ちを伝えると女性福祉に携わるボランティア活動を紹介してくれました。

　　ボランティア活動に参加すると、DV等で壮絶な経験をしている女性に出会いました。そこで私は「もっと早く対処できなかったのか」「女性の被害者を救いたい」という気持ちが強くなり、女性福祉を仕事にしようと決意しました。そこで、婦人相談所と母子生活支援施設の実習を経て大学4年の1月に社会福祉士試験に合格しました。

　　大学卒業後、男女共同参画センターに就職しました。直ぐにでも現場で働きたかったのですが、女性福祉の世界は社会経験豊富な40・50代でないと一人

前と認められにくい風潮がありました。そこで、まずは今まで学んだ知識を活かして啓蒙活動に力を入れて、40代になったら一線で働こうと方針を決めました。しかし、職場は「お役所仕事」で相談者に親身になって寄り添っているとは必ずしも言えない状況もありました。

　次に、私は東京都配偶者暴力相談支援センターに転職しました。私の仕事は相談員への研修でしたが、中には想いが感じられない方も少なからずいました。そこで、私は「自分で独立してやるしかない！」と決意しました。そのためには法律の知識が必要と考え、行政書士の資格を取得しようと決めました。また、行政書士試験と並行してカウンセリングの勉強もしました。その後、実務経験を積むために弁護士事務所でパラリーガルとして勤務した後、35歳で行政書士を開業して独立しました。

【行政書士になってから現在まで】

　社会福祉士としての知識・実績経験が行政書士のおかげで活かされている手ごたえを感じています。このように、行政書士は自分の行いたいことを「補強」する機能を有する資格だと思います。実際、社会福祉士のみの時と違い、行政書士になってからは弁護士等の他士業と同等に付き合いができるようになり、他士業との仕事のやり取りも積極的に行うようになりました。

【今後の抱負】

　「どうやって自分の存在・役割を知ってもらうか」が開業してからのテーマでした。試行錯誤している中で、先輩行政書士から紹介して頂いた異業種交流会に参加してご縁が増え、最近は依頼につながる「導線」が見えてきました。また、今後は社会福祉士と行政書士の2つの資格をブレンドして、独自のサービスを確立していきたいと考えています。

【これから受験・開業する方へ】

　「やるもやらぬも自分次第」だと思います（ちなみに、私は「やって後悔した方がよい」という主義です）。行政書士は「分野不特定」のため、一般の方からすると「わかりにくい存在」であることは否定できませんが、「分野不特定」だ

からこそ多方面に活躍のフィールドが待っている資格です。また、「困っている人の力になりたい」と思っている人にとってはまたとない資格だと思います。

　ご自身の興味あることが行政書士業務となる可能性もあると思います。「自分のやりたいことを実現したい」という方はチャレンジしてみてはいかがでしょうか。

Chapter 5

5

「資料好き」と「社会との関り」を
軸に緻密な書類を生み出す

北條　健　行政書士

【プロフィール】

1980年　千葉県出身

2005年　法政大学を卒業後専門商社に勤務

2012年４月　行政書士北條健事務所　開業（https：//www.kyodo-gyosei.com/）

　現在、東京都行政書士会市民相談センター相談員

　著書『行政書士のための産廃業実務家養成講座』（税務経理協会・2022）

【行政書士になるまで】

　大学卒業後、中国・マレーシア・タイなど旅行し、帰国後、中国やベトナム
へ機械工具の輸出を行っている商社に就職しました。

　働いてみると、業務の進め方や社内の体制について、いくつか課題が見えて
きました。しかし、それらを改善することは容易ではなく、もどかしさがあり
ました。このようなこともあり、自分は組織の一員としてよりも独立して仕事
をする方が性に合っていると次第に感じるようになりました。

　独立するには資格が必要と考えて、予備校の資格説明会に参加しました。行
政書士の説明で「行政書士は『社会との関り』が持てる資格」という講師の言
葉を聞いた瞬間、「自分の肝はこれだ！」と直感しました。実は、就職試験で
新聞社を受けたのですが、その根底には「社会との関り」があったと気付いた
のです。そこで、30代を前に学びの延長として働きながら試験勉強を始め３
回目の受験で合格することができました。

【行政書士になってから現在まで】

　2012年４月に行政書士北條健事務所を設立しました。しかし、今まで事務

系の仕事のみで営業の経験はありませんでした。そこで、異業種交流会を見つけては参加するという日々を送りました。名刺交換をした方に行政書士の業務内容を伝えると、質問を受けることがありました。その場で答えられなかった場合は、調べた上で回答するようにしました。このことは仕事につながらなくても知識が増えましたし、世の中のニーズを知ることもできたのでその後の仕事に活かされています。その他、商工会議所やJC（青年会議所）などにも参加して交流の場を拡げていきました。

　開業後、地域の施設で「遺言・相続相談会」を自費で定期的に開催しました。すると3か月後に初老のご婦人から遺言作成の依頼をいただきました。これが行政書士を開業しての初めての受任です。ご婦人は、亡夫の相続で苦労した経験から「子ども達に自分の相続で同じ思いをさせたくない」という理由で遺言を作成したのでした。通帳に20万円の報酬が記帳されたときの感動は今でも忘れられません。また、人生の重大なことを赤の他人の私に依頼してくれたことで、行政書士が持っている「資格の力」を実感しました。

　実務では、相談者から聞き取った内容をパスポートや戸籍などの公的書類を基に検証します。緻密な作業になりますが、私は資料を分析するのが好きなので苦になりません。また、依頼に直接関係ないことでも、気になる点は役所に問い合わせたり文献に当たったりしています。この習慣で自然と知識が増え、相談者に的確な情報を提供できるようになりました。そして、受任率が高くなり、満足行く報酬を得ることができるようになりました。

　私は、東京都行政書士会市民相談センターで相談員をしています。そこで「免震データ改ざん事件」の被害者の方からの相談に対応して感謝されるなど、行政書士を通して社会との係わりを持てたことで、社会への関心がより高くなりました。また、相談を受けることで「頼られるうれしさ」を実感しています。ただ、「先生に全部任せるからよろしく！」といった感じで「頼られ過ぎる辛さ」もありますが……。今は、「行政書士になって人生がおもしろくなってきた」と感じています。

【今後の抱負】

　今まで培った経験知を「コンサルティング」（相談業務）に活かして、「単発」の依頼から継続的相談業務へシフトすることで事務所経営の安定化を図りたいと考えています。

【受験・開業を目指す方に一言】

　最近、予備校やYouTubeで行政書士について「すぐに儲かる」といったような「甘い話」を耳にすることがありますが、そのような話はまずないとお考えください。もし、友人から行政書士の開業について相談を受けたら「厳しい世界だよ」と助言すると思います。ただ、それでも「やりたい」という気持ちが勝るなら「応援するよ」と言います。

　行政書士は業務を通じてクライアントが夢を実現する応援ができる仕事です。仕事を通じて「人の役に立ちたい」とお考えの方にはチャレンジする価値がある資格だと思います。

6
5人の3つの共通点

　5名の行政書士の共通点は3点あります。第1に、「分野不特定の法律系国家資格」という行政書士の本質を活用して、自分の「好き」なこと（「実績」「興味」を含む）を「専門分野」として「仕事」にしていることです。

　具体的には「好き」なことと「専門分野」の順に、遠田行政書士は「外国人支援・入国管理業務」、山田行政書士は「社会的弱者の地位向上・補助金申請」、渡邉行政書士は「ジェンダーと家族のあり方・家族法務関係」、長島行政書士は「女性福祉・社会福祉士と行政書士をブレンドした独自のサービス」、北條行政書士は「社会との関りと資料の分析・各種許認可業務」です。

　第2に、「行政書士になる」ことが「目的」ではなく、「行政書士」を「好き」なことを仕事にするための「手段」として活用していることです。

　そして、第3に、山田行政書士の「自分の言葉で仕事をしたい」という言葉に代表されるように、行政書士を「独立」して仕事をするために活用していることです。

　5名のインタヴューをお読みいただいて「自分もチャレンジしてみたい」と思ってきた方もいるのではないでしょうか。

　そこで、最終章では、読者の「好き」なことが行政書士の専門分野として仕事にできるかをご一緒に見極めたいと思います。

　予備校を利用して合格すると、合格直後に予備校から「次は司法書士」「次は社会保険労務士」「次は弁護士」などダブル・ライセンス（場合によっては、トリプル・ライセンス）の"営業"をよく受けます。

　もし、自分が仕事としてやりたいことを遂行するために、行政書士以外の資格がどうしても必要なら他資格の受験を検討することもアリだと思います。しかし、漠然と「業務範囲を広げる」ため、すなわち、「業務範囲を広げれば仕事にありつけやすい」という考えであれば、「筋悪の話」と言わざるを得ません。なぜなら、そこには「好きなことを仕事にする」という考えが存在しないからです。

　今まで繰り返し述べてきましたが、資格を「仕事」として成立させるには、「専門家」と認められるレベルまで知識を深堀りできなければ困難です。行政書士は特にそうですが、他資格も資格を取得した後に実務に対応するための準備は相当しなければなりません。現に、私自身が専門分野の一つである相続業務で、司法書士・税理士・弁護士のパートナーと仕事をする機会がありますが、パートナー達の専門性の高さにはいつも舌を巻いています。

　資格を取得することが目的の「資格マニア」であれば、次々と受験するのはアリでしょう。しかし、資格を活かして仕事をしたいなら、受験期間・合格後の準備期間等の「時間」と受験・開業等に係る「お金」、そしてなにより「その資格が自分の好きなことを仕事にするために必要なのか」を考えてみましょう。その結果、「どうしても必要」といった「切実な状況」であれば受験することをお勧めします。なお、他士業とパートナー関係を構築すれば、わざわざ他士業の資格を取得しなくても業務は完遂できますし、その方が、「顧客価値」を早く確実に実現できます。資格をたくさん取得して"消化不良"にならないように注意しましょう。

「専門分野」発見リスト

1

「好き」なことが行政書士の
「仕事」になるか見極める

　第5章の5人の行政書士のインタビューで、行政書士は、その本質から、自分の「好き」なことを「専門分野」として「仕事」にできる可能性を内在している資格であることがおわかりいただけたと思います。皆さんは「自分はどうなの！」と思っているのではないでしょうか。

　そこで、最終章の本章では、読者ご自身が、自分の好きなこと（「実績」を含む）を行政書士を活用して「行政書士の専門分野」として仕事にできるか見極めるためのリスト、名付けて「専門分野発見リスト」をご提供いたします。

　このリストを活用すれば、ご自身が「好き」なことを、行政書士の専門分野として仕事にできる可能性の有無、そして、可能性がある場合は、どのような法務サービスが提供できるかのヒントがつかめます。では、「専門分野発見リスト」の構成と活用方法をご説明しましょう。

❶ 「専門分野発見リスト」の構成

　このリストは、日本行政書士会連合会が全国の行政書士を対象に5年に1回実施している「報酬額統計調査」（2021年度版）[1]に基づいて作成されています。したがって、リストには、行政書士が業務として作成している書類がほぼ網羅されています。

　私は、読者が「好き」なことがどの「行政書士業務」[2]と関連性があるのか発見しやすくするために、このリストを次のように構成しました。

---

[1]　「報酬額統計調査」について詳しくは、「日本行政書士会連合会」ホームページ（「日行連について」＞「情報公開」＞「報酬額の統計」）を参照のこと。

[2]　行政書士法1条の2および1条の3に基づく業務

　まず、行政書士が業務で作成した報酬額統計調査に掲載された360種類の「行政書士業務」を「**Ⅰ 官公署に提出する書類に関する相談・作成・提出代理**」（P109〜P176）と「**Ⅱ 権利義務又は事実証明に関する相談・書類作成**」（P177・P178）の２つに仕分けしました。

　「Ⅰ官公署に提出する書類に関する相談・作成・提出代理」に仕分けされた業務は、根拠法に紐付けた上で、監督官庁ごとに分類し、最後に、業務の概要ごとにまとめました。

　一方、「Ⅱ権利義務又は事実証明に関する相談・書類作成」については、「国民の権利擁護に係わる業務」として、「民法」「任意後見に関する法律」「その他」の３つに分類しました。

　以上を俯瞰するために、「図表6-1」（次頁）を作成しました。「専門分野発見リスト」を活用する前に、まず行政書士業務の全体像をご覧ください。

Chapter
6

Ⅰ.官公署に提出する書類に関する相談・作成・提出代理

行政書士業務

1. 国土交通省

(1)「国土の総合的かつ体系的な利用、開発及び保全、そのための社会資本の整合的な整備」に携わる業務
①都市計画法
②河川法
③建設業法
④建築基準法
⑤建築士法
⑥宅地建物取引業法
⑦測量法
⑧マンション管理適正化法
⑨建築物省エネ法
⑩倉庫業法
⑪屋外広告物法
(2)「交通政策の推進」に係わる業務
①道路法
②道路交通法
③道路運送法
④貨物自動車運送事業法
⑤貨物利用運送事業法
⑥道路運送車両法（自動車登録規則）
⑦自動車運転代行業の業務の適正化に関する法律
⑧自動車の保管場所の確保等に関する法律
⑨自動車損害賠償保障法
⑩航空法
(3)「観光立国の実現に向けた施策の推進」に係わる業務
①旅行業法
②国際観光ホテル整備法
③住宅宿泊事業法（民泊新法）

2. 海上保安庁（国土交通省）

(1)「海洋汚染の防止による海上の安全及び治安の確保」に係わる業務
海洋汚染等及び海上災害の防止に関する法律

3. 厚生労働省

(1)「社会福祉の向上・増進」に係わる業務
①社会福祉法
②障害者総合支援法
③児童福祉法
(2)「社会保障の向上・増進」に係わる業務
医療法
(3)「公衆衛生の向上・増進」に係わる業務
①水道法
②食品衛生法
③再生医療等安全性確保法
④医薬品医療機器等法
⑤建築物における衛生的環境の確保に関する法律
⑥旅館業法
⑦墓地、埋葬等に関する法律

4. 農林水産省

(1)「食料の安定供給の確保」に係わる業務
①農地法
②食品リサイクル法
(2)「農林水産業の発展」に係わる業務
①農業経営基盤強化促進法
②種苗法
③地理的表示法
(3)「森林の保続培養及び森林生産力の増進」に係わる業務
　森林法

5. 環境省

(1)「地球環境保全」に係わる業務
　地球温暖化対策の推進に関する法律（温対法）
(2)「公害の防止」に係わる業務
①ダイオキシン類対策特別措置法
②浄土汚染対策法
③PCB特別措置法
(3)「環境の保全」に係わる業務
①自然公園法
②種の保存法
③特定外来生物法
④鳥獣保護管理法
⑤動物愛護管理法
⑥廃棄物処理法
⑦容器包装リサイクル法
⑧建設リサイクル法
⑨振動規制法
⑩浄化槽法

6. 経済産業省

(1)「民間の経済活力の向上及び対外経済関係の円滑な発展を中心とする経済及び産業の発展」に係わる業務
①特許法
②半導体回路配置保護法
③自動車リサイクル法
④フロン排出抑制法
⑤化学物質排出把握管理促進法
(2)「鉱物資源及びエネルギーの安定的かつ効率的な供給の確保」に係わる業務
①採石法
②砂利採取法
③電気工事業法

7. 中小企業庁（経済産業省）

「中小企業を育成・発展させ、その経営を向上させるに足る諸条件の確立」に係わる業務
①中小企業等経営強化法
②経営承継円滑化法
③中小企業等協同組合法

Chapter 6

8. 総務省

(1)「国民の生命、身体及び財産の保護」に係わる業務
　消防法
(2)「自立的な地域社会の形成」に係わる業務
①地方自治法
②行政手続法
③行政不服審査法

9. 財務省

(1)「税関業務の適正な運営」に係わる業務
　関税法
(2)「通貨に対する信頼の維持及び外国為替の安定の確保」に係わる業務
　外為法

10. 国税庁（財務省）

「酒類業の健全な発達」に係わる業務
　酒税法

11. 文部科学省

「教育の振興」に係わる業務
　私立学校法

12. 文化庁（文部科学省）

(1)「宗教に関する行政事務を適切に行うこと」に係わる業務
　宗教法人法
(2)「文化の振興」に係わる業務
　著作権法

13. 外務省

「国際社会における日本国及び日本国民の利益の増進」に係わる業務
　旅券法

14. 法務省

(1)「出入国及び外国人の在留の公正な管理」に係わる業務
　出入国管理及び難民認定法（入管法）
(2)「国民の権利擁護」に係わる業務
①国籍法
②刑事訴訟法
③日本国憲法 16 条
(3)「基本法制の維持及び整備」に係わる業務
①会社法
②一般社団法人及び一般財団法人に関する法律

15. 内閣府

「市民活動の促進」に係わる業務
　特定非営利活動促進法（NPO法）

16. 公正取引委員会（内閣府）

「一般消費者の利益確保と国民経済の民主的で健全な発達の促進」に係わる業務
　独占禁止法

17. 消費者庁（内閣府）

(1)「消費者の利益の擁護」に係わる業務
　　景品表示法
(2)「消費生活に密接に関連する物資の品質に関する表示」に係わる業務
　　健康増進法

18. 金融庁（内閣府）

「金融の機能の安定確保と資金需要者の保護」に係わる業務
①貸金業法
②金融商品取引法

19. 都道府県公安委員会（国家公安委員会・内閣府）

(1)「風俗営業の健全化」に係わる業務
　　風俗営業等の規制及び業務の適正化等に関する法律
　　（風営法）
(2)「警備業務の実施の適正化」に係わる業務
　　警備業法
(3)「窃盗その他の犯罪の防止・被害の迅速な回復」に係わる業務
　　古物営業法

20. 関係各省庁・金融機関

Ⅱ．権利義務又は事実証明に関する相談・書類作成

「国民の権利擁護」に係わる業務

1. 民法
2. 任意後見契約に関する法律（法務省）
3. その他

Chapter 6

❷ 「専門分野発見リスト」3段階活用法

「専門分野発見リスト」は、次の3つの順で活用することで、自分の「好き」なことが行政書士を活用して仕事にできるか否かを判断できます。さらに、「できる」場合は「提供できる法務サービス」のヒントをつかむことができます。

【第1段階】

まず、「専門分野発見リスト」をはじめから順にご覧ください。そして、自分の「好き」なことや「実績」に関連する「キーワード」を見つけたら、ボックスにチェックを入れてください。**この段階では、直感的に「ピン」ときた項目に「パッ」とためらいなくチェックを入れるのがポイントです。**キーワードのボックスにチェックが入れば、行政書士を活用して、「好き」なことの専門家として仕事ができる可能性が「ある」ということです。

【第2段階】

次に、チェックした項目について深掘りします。具体的には、チェック項目に関する法令や行政書士業務についてインターネットで調べる、関連する本を読んでみる、サービスを求めている「相手」（＝顧客）についてリサーチするなどが挙げられます。**この段階で、夢中になれれば専門分野として確立できる可能性は「高い」といえます。**反対に苦痛に感じたり直ぐに飽きてしまうようならその可能性は「低い」でしょう。

【第3段階】

最後に、深掘りをしてみて夢中になれた項目を集めて眺めてみましょう。そして、各項目を関連付けたり分離してみたりすると自分がやりたいことの輪郭が徐々に浮き出てくるはずです。この「浮き出てきたもの」をさらに研鑽すれば、「好き」なことを行政書士の「専門分野」として仕事にできる可能性を高めることができます。

では、さっそく「ピン」とくるキーワードがあるかトライしてみましょう！

図表6-2 ｜ 「専門分野発見リスト」3段階活用法のフローチャート

第 1 段階

① 「専門分野発見リスト」をはじめから順に見ていく。
② 自分の「好き」なことや「実績」に関連する「キーワード」を見つけたら、ボックスにチェックを入れる。

第 2 段階

③ チェックした項目について深掘りする。

第 3 段階

④ 深掘りをしてみて「夢中になれた項目」を集めて眺めてみる。
⑤ 「夢中になれた項目」を関連付けたり分離してみたりする。
⑥ ⑤を行ってみて「浮き出てきたもの」をさらに研鑽することで、「好き」なことを行政書士の専門分野として仕事にできる可能性を高めることができる。

Chapter 6

「業務」の監督官庁

❶ 国土交通省

監督官庁の「任務」

国土交通省は、国土の総合的かつ体系的な利用、開発及び保全、そのための社会資本の整合的な整備、交通政策の推進、観光立国の実現に向けた施策の推進、気象業務の健全な発達並びに海上の安全及び治安の確保を図ることを任務とする（国土交通省

「任務」から抽出した「行政書士業務」の概要

(1)「国土の総合的かつ体系的な利用、開発及び保全、そ

会社会資本の整合　「行政書士業務」の根拠法　根拠法の「目的」

行政書士の業務

①都市計画法

キーワード	目的（第1条）	行政書士業務
□都市の健全な発展と秩序ある整備 ☑国土の均衡ある発展と公共の福祉の増進	その法律は、都市計画の 続、都市計画 事業その他都市計画に関し必要な事項を定めることにより、都市の健全な発展と秩序ある整備を図りもって国土の均衡ある発展と公共の福祉の増進に寄与することを目的とする。	1.開発行為許可申請（第29条） 2.開発行為許可申請（第34条） 3.用途変更申請（第42条） 4.建築行為許可申請（第43条）

根拠法の「目的」から抽出したキーワード

「ピン」ときた項目に「パッ」とチェック！

2
「専門分野」発見リスト

Ⅰ
「官公署に提出する書類に関する相談・作成・提出代理」編

❶ 国土交通省

　国土交通省は、国土の総合的かつ体系的な利用、開発および保全、そのための社会資本の整合的な整備、交通政策の推進、観光立国の実現に向けた施策の推進、気象業務の健全な発達ならびに海上の安全および治安の確保を図ることを任務とする（国土交通省設置法3条・任務）。

(1)「国土の総合的かつ体系的な利用、開発及び保全、そのための社会資本の整合的な整備」に携わる業務
①都市計画法

キーワード	目的（第1条）	行政書士業務
□都市の健全な発展と秩序ある整備 □国土の均衡ある発展と公共の福祉の増進	この法律は、都市計画の内容及びその決定手続、都市計画制限、都市計画事業その他都市計画に関し必要な事項を定めることにより、都市の健全な発展と秩序ある整備を図り、もつて国土の均衡あ	1.開発行為許可申請（第29条） 2.開発行為許可申請（第34条） 3.用途変更申請（第42条） 4.建築行為許可申請（第43条）

	る発展と公共の福祉の増進に寄与することを目的とする。	

②河川法

キーワード	目的（第1条）	行政書士業務
□河川災害の発生防止 □河川の適正利用 □流水の正常な機能維持 □河川環境の整備と保全	この法律は、河川について、洪水、津波、高潮等による災害の発生が防止され、河川が適正に利用され、流水の正常な機能が維持され、及び河川環境の整備と保全がされるようにこれを総合的に管理することにより、国土の保全と開発に寄与し、もつて公共の安全を保持し、かつ、公共の福祉を増進することを目的とする。	1.公共物用途廃止・普通財産払下申請 2.河川関係許可申請（第24条・土地の占用の許可） 3.河川関係許可申請（第25条・土石等の採取の許可） 4.河川関係許可申請（第26条・工作物の新築等の許可） 5.公共物使用許可申請

③建設業法

キーワード	目的（第1条）	行政書士業務
□建設業者の資質向上 □建設工事の請負契約の適正化 □建設工事の適正な施工確保 □建設工事の発注者保護	この法律は、建設業を営む者の資質の向上、建設工事の請負契約の適正化等を図ることによって、建設工事の適正な施工を確保し、発注者を保護するとともに、建設業の健全な発達を促進し、もつ	1.建設業許可申請（個人・新規）知事 2.建設業許可申請（個人・更新）知事 3.建設業許可申請（法人・新規）知事 4.建設業許可申請（法人・新規）大臣

□建設業の健全な発達促進	て公共の福祉の増進に寄与することを目的とする。	5.建設業許可申請（法人・更新）知事
		6.建設業許可申請（法人・更新）大臣
		7.建設業許可申請（般・特新規）
		8.建設業許可申請（許可換え新規）
		9.建設業許可申請（業種追加）
		10.経営状況分析申請
		11.経営規模等評価申請及び総合評定値請求申請
		12.建設業変更届出（事業年度終了）
		13.建設業変更届出（事業年度終了）大臣
		14.建設業許可変更届（経営業務の管理責任者）
		15.建設業許可変更届（専任技術者）
		16.建設業許可変更届（役員・その他）
		17.建設キャリアアップシステム登録（事業者）
		18.建設キャリアアップシステム登録（技能者1人）
		19.コリンズ利用登録（事前準備）
		20.コリンズ工事登録（1工事請負契約）
		21.浄化槽工事業登録申請

		22.建設工事等入札資格審査申請
		23.建設工事等入札資格審査申請（電子申請）
		24.物品の製造、物品の販売、役務の提供等入札参加資格申請
		25.物品の製造、物品の販売、役務の提供等入札参加資格申請（電子申請）
		26.建設工事入札参加資格申請
		27.物品、役務等入札参加資格申請

④建築基準法

キーワード	目的（第1条）	行政書士業務
□国民の生命・健康・財産の保護	この法律は、建築物の敷地、構造、設備及び用途に関する最低の基準を定めて、国民の生命、健康及び財産の保護を図り、もつて公共の福祉の増進に資することを目的とする。	1.道路位置指定申請 2.建築確認申請（100㎡未満） 3.43条第2項1号認定 4.43条第2項2号許可

⑤建築士法

キーワード	目的（第1条）	行政書士業務
□建築物の質の向上	この法律は、建築物の設計、工事監理等を行う技	1.建築士事務所登録申請（新規）

	術者の資格を定めて、その業務の適正をはかり、もって建築物の質の向上に寄与させることを目的とする。	2.建築士事務所登録申請（更新） 3.建築士事務所登録申請（変更） 4.建築士法第23条の6の規定による設計等の業務に関する報告書

⑥宅地建物取引業法

キーワード	目的（第1条）	行政書士業務
□宅地建物取引業の適正な運営 □宅地・建物の取引の公正確保 □宅地建物取引業の健全な発達促進 □購入者等の利益保護 □宅地・建物の流通の円滑化	この法律は、宅地建物取引業を営む者について免許制度を実施し、その事業に対し必要な規制を行うことにより、その業務の適正な運営と宅地及び建物の取引の公正とを確保するとともに、宅地建物取引業の健全な発達を促進し、もって購入者等の利益の保護と宅地及び建物の流通の円滑化とを図ることを目的とする。	1.宅地建物取引業者免許申請（新規）知事 2.宅地建物取引業者免許申請（更新）知事 3.宅地建物取引業者免許申請（新規）大臣 4.宅地建物取引業者免許申請（更新）大臣 5.宅地建物取引業者名簿登載事項変更届（事務所、役員、専任取引士、その他の内の1事項） 6.宅地建物取引士資格登録申請 7.宅建業協会（全日、全宅）加入申請 8.資力確保措置の状況についての届出

Chapter 6

⑦測量法

キーワード	目的（第1条）	行政書士業務
□測量業の適正な運営とその健全な発達 □各種測量の調整及び測量制度の改善発達	この法律は、国若しくは公共団体が費用の全部若しくは一部を負担し、若しくは補助して実施する土地の測量又はこれらの測量の結果を利用する土地の測量について、その実施の基準及び実施に必要な権能を定め、測量の重複を除き、並びに測量の正確さを確保するとともに、測量業を営む者の登録の実施、業務の規制等により、測量業の適正な運営とその健全な発達を図り、もつて各種測量の調整及び測量制度の改善発達に資することを目的とする。	1.測量業者登録申請（新規） 2.測量業者登録申請（更新） 3.測量業財務に関する報告書

⑧マンションの管理の適正化の推進に関する法律（マンション管理適正化法）

キーワード	目的（第1条）	行政書士業務
□マンション管理業者の登録制度 □マンション管理の適正化推進 □マンションの良好な居住環境の確保	この法律は、土地利用の高度化の進展その他国民の住生活を取り巻く環境の変化に伴い、多数の区分所有者が居住するマンションの重要性が増大し	1.マンション管理業者登録申請 2.マンション管理規約作成

| | ていることにかんがみ、
マンション管理士の資格
を定め、マンション管理
業者の登録制度を実施す
る等マンションの管理の
適正化を推進するための
措置を講ずることによ
り、マンションにおける
良好な居住環境の確保を
図り、もって国民生活の
安定向上と国民経済の健
全な発展に寄与すること
を目的とする。 | |

⑨建築物のエネルギー消費性能の向上に関する法律（建築物省エネ法）

キーワード	目的（第1条）	行政書士業務
□建築物のエネル ギー消費性能の向上	この法律は、社会経済情 勢の変化に伴い建築物に おけるエネルギーの消費 量が著しく増加している ことに鑑み、建築物のエ ネルギー消費性能の向上 に関する基本的な方針の 策定について定めるとと もに、一定規模以上の建 築物の建築物エネルギー 消費性能基準への適合性 を確保するための措置、 建築物エネルギー消費性 能向上計画の認定その他	1.建築物省エネルギー消費性 能確保計画策定 <新規>

Chapter
6

の措置を講ずることにより、エネルギーの使用の合理化等に関する法律（昭和54年法律第49号）と相まって、建築物のエネルギー消費性能の向上を図り、もって国民経済の健全な発展と国民生活の安定向上に寄与することを目的とする。	

⑩倉庫業法

キーワード	目的（第1条）	行政書士業務
□倉庫業の適正な運営の確保 □倉庫の利用者の利益保護 □倉荷証券の円滑な流通確保	この法律は、倉庫業の適正な運営を確保し、倉庫の利用者の利益を保護するとともに、倉荷証券の円滑な流通を確保することを目的とする。	1.倉庫業登録申請（約款・料率表含む） 2.倉庫施設等変更登録申請<新規> 3.軽微変更届出

⑪屋外広告物法

キーワード	目的（第1条）	行政書士業務
□屋外広告	この法律は、良好な景観を形成し、若しくは風致を維持し、又は公衆に対する危害を防止するために、屋外広告物の表示及び屋外広告物を掲出する物件の設置並びにこれらの維持並びに屋外広告業	1.屋外広告業登録申請

	について、必要な規制の基準を定めることを目的とする。	

(2)「交通政策の推進」に係わる業務

①道路法

キーワード	目的（第1条）	行政書士業務
□道路網の整備 □交通の発達	この法律は、道路網の整備を図るため、道路に関して、路線の指定及び認定、管理、構造、保全、費用の負担区分等に関する事項を定め、もつて交通の発達に寄与し、公共の福祉を増進することを目的とする。	1.道路工事施工承認申請 <新規> 2.公共物使用許可申請 3.特殊車両通行許可申請（電子申請含む）

②道路交通法

キーワード	目的（第1条）	行政書士業務
□道路における危険防止 □交通の安全と円滑 □道の交通に起因する障害防止	この法律は、道路における危険を防止し、その他交通の安全と円滑を図り、及び道路の交通に起因する障害の防止に資することを目的とする。	1.道路占用許可申請 2.道路使用許可申請 3.運転免許申請

③道路運送法

キーワード	目的（第1条）	行政書士業務
□道路運送事業の運営の適正・合理化	この法律は、貨物自動車運送事業法（平成元年法	1.一般貸切旅客自動車運送事業経営許可申請（貸切バス）・

□輸送の安全確保 □道路運送の利用者の利益の保護・利便の増進 □道路運送の総合的な発達	律第83号）と相まって、道路運送事業の運営を適正かつ合理的なものとし、並びに道路運送の分野における利用者の需要の多様化及び高度化に的確に対応したサービスの円滑かつ確実な提供を促進することにより、輸送の安全を確保し、道路運送の利用者の利益の保護及びその利便の増進を図るとともに、道路運送の総合的な発達を図り、もつて公共の福祉を増進することを目的とする。	（運輸開始届出書含む） 2.一般貸切旅客自動車運送事業更新許可申請書 3.一般貸切旅客自動車運送事業営業報告書 4.一般貸切旅客自動車運送事業事業実績報告書 5.一般貸切旅客自動車運送事業（譲渡譲受・合併・分割・相続）許可申請 6.一般貸切旅客自動車運送事業（事業計画変更）認可申請 7.一般乗用旅客自動車運送事業経営許可申請（タクシー）・（運輸開始届出書含む） 8.一般乗用旅客自動車運送事業（タクシー）営業報告書 9.一般乗用旅客自動車運送事業（福祉タクシー事案）新規許可申請 10.一般乗用旅客自動車運送事業（譲渡譲受・合併・分割・相続）認可申請 11.一般乗用旅客自動車運送事業（事業計画変更）認可申請 12.一般乗合旅客自動車運送事業新規許可申請（路線バス・乗合タクシー等）

		13.一般乗合旅客自動車運送事業（譲渡譲受・合併・分割・相続）認可申請
		14.一般乗合旅客自動車運送事業（事業計画変更）認可申請
		15.特定旅客自動車運送事業新規許可申請（送迎バス等）
		16.特定旅客自動車運送事業（事業計画変更）認可申請
		17.旅客自動車運送事業事業計画変更届出（増減車）
		18.旅客自動車運送事業変更届出（軽微な変更届出）
		19.旅客運送事業改善報告書
		20.有償貸渡許可申請（レンタカー）
		21.自家用自動車有償運送許可申請

④貨物自動車運送事業法

キーワード	目的（第1条）	行政書士業務
□輸送の安全確保 □貨物自動車運送事業の健全な発達	この法律は、貨物自動車運送事業の運営を適正かつ合理的なものとするとともに、貨物自動車運送に関するこの法律及びこの法律に基づく措置の遵守等を図るための民間団	1.一般貨物自動車運送事業経営許可申請（運輸開始届出書含む） 2.一般貨物自動車運送事業実績報告書の作成 3.貨物自動車運送事業営業報告書の作成

Chapter 6

キーワード	目的（第1条）	行政書士業務
	体等による自主的な活動を促進することにより、輸送の安全を確保するとともに、貨物自動車運送事業の健全な発達を図り、もって公共の福祉の増進に資することを目的とする。	4.貨物自動車運送事業改善報告書の作成 5.一般貨物自動車運送事業（譲渡譲受・合併・分割・相続）許可申請 6.（一般貨物自動車運送事業）事業計画変更認可申請（局事案） 7.（一般貨物自動車運送事業）事業計画変更認可申請（支局事案） 8.貨物自動車運送事業事業計画変更届出（増減車） 9.貨物自動車運送事業変更届出（軽微な変更届出）

⑤貨物利用運送事業法

キーワード	目的（第1条）	行政書士業務
□貨物の運送サービスの円滑な提供確保 □貨物利用運送事業の健全な発達	この法律は、貨物利用運送事業の運営を適正かつ合理的なものとすることにより、貨物利用運送事業の健全な発達を図るとともに、貨物の流通の分野における利用者の需要の高度化及び多様化に対応した貨物の運送サービスの円滑な提供を確保し、もって利用者の利益の保護及びその利便の増	1.第一種利用運送（自動車）新規登録申請 2.第一種利用運送（自動車）事業承継届出 3.第一種利用運送（自動車）変更届出 4.第一種利用運送事業（内航海運）新規登録申請 5.第一種利用運送事業（外航海運）新規登録申請 6.第二種利用運送事業新規許可申請

| | | 7.第二種利用運送事業（事業計画変更）認可申請 |
| | 進に寄与することを目的とする。 | 8.第二種利用運送事業変更届出 |

⑥道路運送車両法（自動車登録規則）

キーワード	目的（第1条）	行政書士業務
□道路運送車両の所有権の公証 □自動車整備事業の健全な発達	この法律は、道路運送車両に関し、所有権についての公証等を行い、並びに安全性の確保及び公害の防止その他の環境の保全並びに整備についての技術の向上を図り、併せて自動車の整備事業の健全な発達に資することにより、公共の福祉を増進することを目的とする。	1.自動車登録申請（新車新規） 2.自動車登録申請（新車新規・OSS） 3.自動車登録申請（中間登録） 4.自動車登録申請（中間登録・OSS） 5.自動車登録申請（継続） 6.自動車登録申請（継続・OSS） 7.自動車登録申請（抹消） 8.自動車登録申請（抹消・OSS） 9.軽自動車届出（新規） 10.軽自動車届出（中間） 11.軽自動車届出（継続） 12.軽自動車届出（継続・OSS） 13.軽自動車届出（抹消） 14.出張封印代行 15.自動車の回送運行許可申請 16.道路運送車両の基準緩和認定申請（新規）

Chapter 6

		17.道路運送車両の基準緩和認定申請（更新）
		18.自動車分解整備事業認証申請※1
		19.整備主任者（変更）届
		20.自動車分解整備事業変更届（相続・合併・分割・譲受）
		21.自動車整備事業指定申請

⑦自動車運転代行業の業務の適正化に関する法律

キーワード	目的（第1条）	行政書士業務
□自動車運転代行業の適正な運営の確保	この法律は、自動車運転代行業を営む者について必要な要件を認定する制度を実施するとともに、自動車運転代行業を営む者の遵守事項を定めること等により、自動車運転代行業の業務の適正な運営を確保し、もって交通の安全及び利用者の保護を図ることを目的とする。	1.自動車運転代行業認定申請

⑧自動車の保管場所の確保等に関する法律

キーワード	目的（第1条）	行政書士業務
□自動車の駐車に関する規制強化 □道路使用の適正化 □道路の危険防止・	この法律は、自動車の保有者等に自動車の保管場所を確保し、道路を自動車の保管場所として使用	1.自動車保管場所証明申請書の作成（登録車車庫証明） 2.自動車保管場所届出（軽自動車車庫届出）

| 道路交通の円滑化 | しないよう義務づけるとともに、自動車の駐車に関する規制を強化することにより、道路使用の適正化、道路における危険の防止及び道路交通の円滑化を図ることを目的とする。 | 3.自動車保管場所変更届出 <新規>
 4.OSS用所在図・配置図の作成 <新規> |

⑨自動車損害賠償保障法

キーワード	目的（第1条）	行政書士業務
□自動車事故の被害者の保護	この法律は、自動車の運行によつて人の生命又は身体が害された場合における損害賠償を保障する制度を確立することにより、被害者の保護を図り、あわせて自動車運送の健全な発達に資することを目的とする。	1.自賠責保険請求

⑩航空法

キーワード	目的（第1条）	行政書士業務
□航空機の航行の安全 □航空機の航行に起因する障害の防止 □航空機を運航して営む事業の適正かつ合理的な運営の確保	この法律は、国際民間航空条約の規定並びに同条約の附属書として採択された標準、方式及び手続に準拠して、航空機の航行の安全及び航空機の航行に起因する障害の防止	1.無人航空機機体登録申請 <新規> 2.無人航空機の飛行に関する承認申請 <新規>

Chapter 6

キーワード	目的（第1条）	行政書士業務
□輸送の安全の確保	を図るための方法を定め、並びに航空機を運航して営む事業の適正かつ合理的な運営を確保して輸送の安全を確保するとともにその利用者の利便の増進を図ること等により、航空の発達を図り、もつて公共の福祉を増進することを目的とする。	

(3)「観光立国の実現に向けた施策の推進」に係わる業務

①旅行業法

キーワード	目的（第1条）	行政書士業務
□旅行業者の登録制度の実施 □旅行業者の適正な運営確保 □旅行業務に関する取引の公正の維持・旅行の安全の確保・旅行者の利便の増進	この法律は、旅行業等を営む者について登録制度を実施し、あわせて旅行業等を営む者の業務の適正な運営を確保するとともに、その組織する団体の適正な活動を促進することにより、旅行業務に関する取引の公正の維持、旅行の安全の確保及び旅行者の利便の増進を図ることを目的とする。	1.旅行業登録申請 2.旅行業取引額報告書 <新規>

②国際観光ホテル整備法

所轄官庁	目的（第1条）	行政書士業務
□ホテルその他の外客宿泊施設の登録制度実施 □外客に対する登録ホテル等の情報提供の促進 □国際観光の振興	この法律は、ホテルその他の外客宿泊施設について登録制度を実施するとともに、これらの施設の整備を図り、あわせて外客に対する登録ホテル等に関する情報の提供を促進する等の措置を講ずることにより、外客に対する接遇を充実し、もって国際観光の振興に寄与することを目的とする。	1.国際観光ホテル登録申請

③住宅宿泊事業法（民泊新法）

キーワード	目的（第1条）	行政書士業務
□住宅宿泊事業者に係る届出制度 □住宅宿泊管理業者・住宅宿泊仲介業者に係る登録制度	この法律は、我が国における観光旅客の宿泊をめぐる状況に鑑み、住宅宿泊事業を営む者に係る届出制度並びに住宅宿泊管理業を営む者及び住宅宿泊仲介業を営む者に係る登録制度を設ける等の措置を講ずることにより、これらの事業を営む者の業務の適正な運営を確保しつつ、国内外からの観光旅客の宿泊に対する需	1.住宅宿泊事業届出 <新規>

Chapter 6

要に的確に対応してこれらの者の来訪及び滞在を促進し、もって国民生活の安定向上及び国民経済の発展に寄与することを目的とする。	

❷ 海上保安庁（国土交通省）

　海上保安庁は、法令の海上における励行、海難救助、海洋汚染等の防止、海上における船舶の航行の秩序の維持、海上における犯罪の予防及び鎮圧、海上における犯人の捜査及び逮捕、海上における船舶交通に関する規制、水路、航路標識に関する事務その他海上の安全の確保に関する事務並びにこれらに附帯する事項に関する事務を行うことにより、海上の安全及び治安の確保を図ることを任務とする（海上保安庁法 2 条）。

「海洋汚染の防止による海上の安全及び治安の確保」に係わる業務
海洋汚染等及び海上災害の防止に関する法律

キーワード	目的（第1条）	行政書士業務
□海洋汚染等及び海上災害の防止	この法律は、船舶、海洋施設及び航空機から海洋に油、有害液体物質等及び廃棄物を排出すること、船舶から海洋に有害水バラストを排出すること、海底の下に油、有害液体物質等及び廃棄物を大気中に排出ガスを放出	1.海洋施設設置届出 <新規> 2.特定施設設置届出 <新規> 3.特定建設作業実施届出 <新規>

| | すること並びに船舶及び海洋施設において油、有害液体物質等及び廃棄物を焼却することを規制し、廃油の適正な処理を確保するとともに、排出された油、有害液体物質等、廃棄物その他の物の防除並びに海上火災の発生及び拡大の防止並びに海上火災等に伴う船舶交通の危険の防止のための措置を講ずることにより、海洋汚染等及び海上災害を防止し、あわせて海洋汚染等及び海上災害の防止に関する国際約束の適確な実施を確保し、もつて海洋環境の保全等並びに人の生命及び身体並びに財産の保護に資することを目的とする。 | |

❸ 厚生労働省

　厚生労働省は、国民生活の保障及び向上を図り、並びに経済の発展に寄与するため、社会福祉、社会保障及び公衆衛生の向上及び増進並びに労働条件その他の労働者の働く環境の整備及び職業の確保を図ることを任務とする（厚生労働省設置法 3条・任務）。

(1)「社会福祉の向上・増進」に係わる業務

①社会福祉法

キーワード	目的（第1条）	行政書士業務
□福祉サービスの利用者の利益の保護 □地域福祉の推進 □社会福祉事業の公明・適正な実施の確保 □社会福祉を目的とする事業の健全な発達 □社会福祉の増進	この法律は、社会福祉を目的とする事業の全分野における共通的基本事項を定め、社会福祉を目的とする他の法律と相まって、福祉サービスの利用者の利益の保護及び地域における社会福祉（以下「地域福祉」という。）の推進を図るとともに、社会福祉事業の公明かつ適正な実施の確保及び社会福祉を目的とする事業の健全な発達を図り、もつて社会福祉の増進に資することを目的とする。	1.社会福祉法人設立認可申請<新規>

②障害者の日常生活及び社会生活を総合的に支援するための法律（障害者総合支援法）

キーワード	目的（第1条）	行政書士業務
□障害者及び障害児の福祉の増進 □障害の有無にかかわらず国民が相互に人格と個性を尊重し安心して暮らすことのできる地域社会の実現	この法律は、障害者基本法（昭和45年法律第84号）の基本的な理念にのっとり、身体障害者福祉法（昭和24年法律第283号）、知的障害者福祉法（昭和35年法律第37号）、精神保健及び精神障害者福祉	1.障害福祉サービス事業指定申請（訪問系）<新規> 2.障害福祉サービス事業指定申請（訪問系以外）<新規>

| | に関する法律（昭和25年法律第123号）、児童福祉法（昭和22年法律第164号）その他障害者及び障害児の福祉に関する法律と相まって、障害者及び障害児が基本的人権を享有する個人としての尊厳にふさわしい日常生活又は社会生活を営むことができるよう、必要な障害福祉サービスに係る給付、地域生活支援事業その他の支援を総合的に行い、もって障害者及び障害児の福祉の増進を図るとともに、障害の有無にかかわらず国民が相互に人格と個性を尊重し安心して暮らすことのできる地域社会の実現に寄与することを目的とする。 | |

③児童福祉法

キーワード	目的（第1条）	行政書士業務
□児童の権利保障	全て児童は、児童の権利に関する条約の精神にのっとり、適切に養育されること、その生活を保障されること、愛され、保	1.障害児通所支援事業指定申請 <新規> 2.障害児相談支援事業指定申請 <新規>

Chapter 6

護されること、その心身の健やかな成長及び発達並びにその自立が図られることその他の福祉を等しく保障される権利を有する。	

（2）「社会保障の向上・増進」に係わる業務

医療法

キーワード	目的（第1条）	行政書士業務
□医療を受ける者の利益の保護 □良質かつ適切な医療を効率的に提供する体制の確保	この法律は、医療を受ける者による医療に関する適切な選択を支援するために必要な事項、医療の安全を確保するために必要な事項、病院、診療所及び助産所の開設及び管理に関し必要な事項並びにこれらの施設の整備並びに医療提供施設相互間の機能の分担及び業務の連携を推進するために必要な事項を定めること等により、医療を受ける者の利益の保護及び良質かつ適切な医療を効率的に提供する体制の確保を図り、もつて国民の健康の保持に寄与することを目的とする。	1.医療法人設立認可申請

(3)「公衆衛生の向上・増進」に係わる業務

①水道法

キーワード	目的（第1条）	行政書士業務
□水道の基盤強化 □公衆衛生の向上 □生活環境の改善	この法律は、水道の布設及び管理を適正かつ合理的ならしめるとともに、水道の基盤を強化することによつて、清浄にして豊富低廉な水の供給を図り、もつて公衆衛生の向上と生活環境の改善とに寄与することを目的とする。	1.指定給水装置工事事業者指定申請 2.下水道排水設備工事施工業者指定申請

②食品衛生法

キーワード	目的（第1条）	行政書士業務
□飲食に起因する衛生上の危害の発生防止 □国民の健康の保護	この法律は、食品の安全性の確保のために公衆衛生の見地から必要な規制その他の措置を講ずることにより、飲食に起因する衛生上の危害の発生を防止し、もつて国民の健康の保護を図ることを目的とする。	1.飲食店営業許可申請 2.食品製造業許可申請 3.衛生管理計画（HACCP等）の作成 <新規>

③再生医療等の安全性の確保等に関する法律（再生医療等安全性確保法）

キーワード	目的（第1条）	行政書士業務
□再生医療等に用いられる安全性の確保	この法律は、再生医療等に用いられる再生医療等	1.再生医療等委員会認定申請

| □特定細胞加工物の製造の許可 | 技術の安全性の確保及び生命倫理への配慮（以下「安全性の確保等」という。）に関する措置その他の再生医療等を提供しようとする者が講ずべき措置を明らかにするとともに、特定細胞加工物の製造の許可等の制度を定めること等により、再生医療等の迅速かつ安全な提供及び普及の促進を図り、もって医療の質及び保健衛生の向上に寄与することを目的とする。 | |

④医薬品、医療機器等の品質、有効性及び安全性の確保等に関する法律（医薬品医療機器等法）

キーワード	目的（第1条）	行政書士業務
□医薬品等の品質・有効性及び安全性の確保 □医薬品等の使用による保健衛生上の危害発生・拡大防止 □保健衛生の向上	この法律は、医薬品、医薬部外品、化粧品、医療機器及び再生医療等製品（以下「医薬品等」という。）の品質、有効性及び安全性の確保並びにこれらの使用による保健衛生上の危害の発生及び拡大の防止のために必要な規制を行うとともに、指定薬物の規制に関する措置を講	1.薬局開設許可申請 2.化粧品製造販売業許可申請 3.医薬品製造販売業許可申請 4.高度管理医療機器等販売業・貸与業許可申請 5.管理医療機器販売業・貸与業届出 <新規>

	ずるほか、医療上特にその必要性が高い医薬品、医療機器及び再生医療等製品の研究開発の促進のために必要な措置を講ずることにより、保健衛生の向上を図ることを目的とする。	

⑤建築物における衛生的環境の確保に関する法律

キーワード	目的（第1条）	行政書士業務
□建築物における衛生的な環境確保 □公衆衛生の向上・増進	この法律は、多数の者が使用し、又は利用する建築物の維持管理に関し環境衛生上必要な事項等を定めることにより、その建築物における衛生的な環境の確保を図り、もつて公衆衛生の向上及び増進に資することを目的とする。	1.建築物衛生管理業登録申請<新規>

⑥旅館業法

キーワード	目的（第1条）	行政書士業務
□旅館業の適正な運営確保 □旅館業の健全な発達 □旅館業の利用者の需要の高度化・多様	この法律は、旅館業の業務の適正な運営を確保すること等により、旅館業の健全な発達を図るとともに、旅館業の分野における利用者の需要の高度	1.旅館業許可申請

Chapter 6

133

化に対応したサービ スの提供促進 □公衆衛生及び国民 生活の向上	化及び多様化に対応した サービスの提供を促進 し、もって公衆衛生及び 国民生活の向上に寄与す ることを目的とする。	

⑦墓地、埋葬等に関する法律

キーワード	目的（第1条）	行政書士業務
□墓地・納骨堂又は 火葬場の管理	この法律は、墓地、納骨 堂又は火葬場の管理及び 埋葬等が、国民の宗教的 感情に適合し、且つ公衆 衛生その他公共の福祉の 見地から、支障なく行わ れることを目的とする。	1.改葬等許可申請 <新規> 2.墓地・納骨堂等の経営（変 更・廃止）許可申請 <新規> 3.墓地管理者（変更）届出 <新 規>

❹ 農林水産省

　農林水産省は、食料の安定供給の確保、農林水産業の発展、農林漁業者の福祉の増進、農山漁村及び中山間地域等の振興、農業の多面にわたる機能の発揮、森林の保続培養及び森林生産力の増進並びに水産資源の適切な保存及び管理を図ることを任務とする（農林水産省設置法 3条・任務）。

(1)「食料の安定供給の確保」に係わる業務
①農地法

キーワード	目的（第1条）	行政書士業務
□農地利用関係の調 整	この法律は、国内の農業 生産の基盤である農地が	1.農地法第3条許可申請 2.農地法第3条の3の届出

| □農地の権利取得の促進
□農地の利用関係の調整
□農地の農業上の利用確保
□耕作者の地位の安定
□国内の農業生産の増大
□国民に対する食料の安定供給の確保 | 現在及び将来における国民のための限られた資源であり、かつ、地域における貴重な資源であることにかんがみ、耕作者自らによる農地の所有が果たしてきている重要な役割も踏まえつつ、農地を農地以外のものにすることを規制するとともに、農地を効率的に利用する耕作者による地域との調和に配慮した農地についての権利の取得を促進し、及び農地の利用関係を調整し、並びに農地の農業上の利用を確保するための措置を講ずることにより、耕作者の地位の安定と国内の農業生産の増大を図り、もつて国民に対する食料の安定供給の確保に資することを目的とする。 | 3.農地法第4条許可申請
4.農地法第5条許可申請
5.農地法第4条届出
6.農地法第5条届出
7.農地法施行規則第29条届出
8.農地所有適格法人の設立（農地法第2条第3項）
9.農用地除外申出
10.用途区分変更申出
11.利用権設定
12.所有権移転 |

②食品循環資源の再生利用等の促進に関する法律（食品リサイクル法）

キーワード	目的（第1条）	行政書士業務
□食品循環資源の再生利用・熱回収	この法律は、食品循環資源の再生利用及び熱回収	1.再生利用事業登録（更新）申請 <新規>

| □食品廃棄物等の発生抑制・減量
□食品関連事業者による食品循環資源の再生利用促進 | 並びに食品廃棄物等の発生の抑制及び減量に関し基本的な事項を定めるとともに、食品関連事業者による食品循環資源の再生利用を促進するための措置を講ずることにより、食品に係る資源の有効な利用の確保及び食品に係る廃棄物の排出の抑制を図るとともに、食品の製造等の事業の健全な発展を促進し、もって生活環境の保全及び国民経済の健全な発展に寄与することを目的とする。 | 2.再生利用事業計画（変更）認定申請 <新規> |

(2)「農林水産業の発展」に係わる業務

①農業経営基盤強化促進法

キーワード	目的（第1条）	行政書士業務
□効率的かつ安定的な農業経営の育成	この法律は、我が国農業が国民経済の発展と国民生活の安定に寄与していくためには、効率的かつ安定的な農業経営を育成し、これらの農業経営が農業生産の相当部分を担うような農業構造を確立することが重要であることにかんがみ、育成すべ	1.農業経営改善計画の作成

	き効率的かつ安定的な農業経営の目標を明らかにするとともに、その目標に向けて農業経営の改善を計画的に進めようとする農業者に対する農用地の利用の集積、これらの農業者の経営管理の合理化その他の農業経営基盤の強化を促進するための措置を総合的に講ずることにより、農業の健全な発展に寄与することを目的とする。	

②種苗法

キーワード	目的（第1条）	行政書士業務
□品種の育成の振興 □種苗の流通の適正化	この法律は、新品種の保護のための品種登録に関する制度、指定種苗の表示に関する規制等について定めることにより、品種の育成の振興と種苗の流通の適正化を図り、もって農林水産業の発展に寄与することを目的とする。	1.種苗法に基づく品種登録申請

Chapter 6

③特定農林水産物等の名称の保護に関する法律（地理的表示法）

キーワード	目的（第1条）	行政書士業務
□特定農林水産物等の名称保護 □特定農林水産物等の生産業者の利益保護	この法律は、世界貿易機関を設立するマラケシュ協定附属書一Cの知的所有権の貿易関連の側面に関する協定に基づき特定農林水産物等の名称の保護に関する制度を確立することにより、特定農林水産物等の生産業者の利益の保護を図り、もって農林水産業及びその関連産業の発展に寄与し、併せて需要者の利益を保護することを目的とする。	1.地理的表示法に基づく登録申請

(3)「森林の保続培養及び森林生産力の増進」に係わる業務

森林法

キーワード	目的（第1条）	行政書士業務
□森林の保続培養の増進 □森林生産力の増進	この法律は、森林計画、保安林その他の森林に関する基本的事項を定めて、森林の保続培養と森林生産力の増進とを図り、もつて国土の保全と国民経済の発展とに資することを目的とする。	1.森林の土地の所有者届出

❺ 環境省

　環境省は、地球環境保全、公害の防止、自然環境の保護及び整備その他の環境の保全（良好な環境の創出を含む。以下単に「環境の保全」という。）並びに原子力の研究、開発及び利用における安全の確保を図ることを任務とする（環境省設置法 3条・任務）。

(1)「地球環境保全」に係わる業務

地球温暖化対策の推進に関する法律（温対法）

キーワード	目的（第1条）	行政書士業務
□地球温暖化防止	この法律は、地球温暖化が地球全体の環境に深刻な影響を及ぼすものであり、気候系に対して危険な人為的干渉を及ぼすこととならない水準において大気中の温室効果ガスの濃度を安定化させ地球温暖化を防止することが人類共通の課題であり、全ての者が自主的かつ積極的にこの課題に取り組むことが重要であることに鑑み、地球温暖化対策に関し、地球温暖化対策計画を策定するとともに、社会経済活動その他の活動による温室効果ガスの排出の抑制等を促進	1.温室効果ガス算定排出量等報告 <新規>

	するための措置を講ずること等により、地球温暖化対策の推進を図り、もって現在及び将来の国民の健康で文化的な生活の確保に寄与するとともに人類の福祉に貢献することを目的とする。	

(2)「公害の防止」に係わる業務

①ダイオキシン類対策特別措置法

キーワード	目的（第1条）	行政書士業務
□ダイオキシン類による環境の汚染の防止及びその除去 □国民の健康の保護	この法律は、ダイオキシン類が人の生命及び健康に重大な影響を与えるおそれがある物質であることにかんがみ、ダイオキシン類による環境の汚染の防止及びその除去等をするため、ダイオキシン類に関する施策の基本とすべき基準を定めるとともに、必要な規制、汚染土壌に係る措置等を定めることにより、国民の健康の保護を図ることを目的とする。	1.工場設置認可申請

②浄土汚染対策法

キーワード	目的（第1条）	行政書士業務
□土壌汚染対策	この法律は、土壌の特定有害物質による汚染の状況の把握に関する措置及びその汚染による人の健康に係る被害の防止に関する措置を定めること等により、土壌汚染対策の実施を図り、もって国民の健康を保護することを目的とする。	1.汚染土壌処理業許可申請<新規> 2.土地の形質変更届出<新規> 3.汚染土壌の区域外搬出届出<新規>

③ポリ塩化ビフェニル廃棄物の適正な処理の推進に関する特別措置法（PCB特別措置法）

キーワード	目的（第1条）	行政書士業務
□ポリ塩化ビフェニル廃棄物処理の体制整備 □ポリ塩化ビフェニル廃棄物の確実かつ適正な処理推進 □国民の健康の保護及び生活環境の保全	この法律は、ポリ塩化ビフェニルが難分解性の性状を有し、かつ、人の健康及び生活環境に係る被害を生ずるおそれがある物質であること並びに我が国においてポリ塩化ビフェニル廃棄物が長期にわたり処分されていない状況にあることにかんがみ、ポリ塩化ビフェニル廃棄物の保管、処分等について必要な規制等を行うとともに、ポリ塩化ビ	1.ポリ塩化ビフェニル廃棄物等の保管及び処分状況等届出<新規>

| | フェニル廃棄物の処理の
ための必要な体制を速や
かに整備することによ
り、その確実かつ適正な
処理を推進し、もって国
民の健康の保護及び生活
環境の保全を図ることを
目的とする。 | |

（3）「環境の保全」に係わる業務

①自然公園法

キーワード	目的（第1条）	行政書士業務
□優れた自然の風景 地の保護・利用増進 □生物の多様性確保	この法律は、優れた自然 の風景地を保護するとと もに、その利用の増進を 図ることにより、国民の 保健、休養及び教化に資 するとともに、生物の多 様性の確保に寄与するこ とを目的とする。	1.特別地域（特別保護地区・海 域公園地区）内工作物の新（改・ 増）築許可申請 <新規>

②絶滅のおそれのある野生動植物の種の保存に関する法律（種の保存法）

キーワード	目的（第1条）	行政書士業務
□絶滅のおそれのあ る野生動植物の種の 保存 □生物の多様性確保 □良好な自然環境の 保全 □現在及び将来の国	この法律は、野生動植物 が、生態系の重要な構成 要素であるだけでなく、 自然環境の重要な一部と して人類の豊かな生活に 欠かすことのできないも のであることに鑑み、絶	1.国内希少野生動植物種捕獲 等許可申請 <新規> 2.希少野生動植物種譲渡し等 許可申請 <新規>

	滅のおそれのある野生動植物の種の保存を図ることにより、生物の多様性を確保するとともに、良好な自然環境を保全し、もって現在及び将来の国民の健康で文化的な生活の確保に寄与することを目的とする。	
民の健康で文化的な生活の確保		

③特定外来生物による生態系等に係る被害の防止に関する法律（特定外来生物法）

キーワード	目的（第1条）	行政書士業務
□特定外来生物の飼養等・輸入その他の取扱いの規制 □特定外来生物による生態系等に係る被害防止 □国民生活の安定向上	この法律は、特定外来生物の飼養、栽培、保管又は運搬（以下「飼養等」という。）、輸入その他の取扱いを規制するとともに、国等による特定外来生物の防除等の措置を講ずることにより、特定外来生物による生態系等に係る被害を防止し、もって生物の多様性の確保、人の生命及び身体の保護並びに農林水産業の健全な発展に寄与することを通じて、国民生活の安定向上に資することを目的とする。	1.特定外来生物飼養等許可申請 <新規>

Chapter 6

④鳥獣の保護及び管理並びに狩猟の適正化に関する法律（鳥獣保護管理法）

キーワード	目的（第1条）	行政書士業務
□鳥獣の保護・管理 □猟具の使用に係る危険予防 □生活環境の保全及び農林水産業の健全な発展 □自然環境の恵沢を享受できる国民生活の確保 □地域社会の健全な発展	この法律は、鳥獣の保護及び管理を図るための事業を実施するとともに、猟具の使用に係る危険を予防することにより、鳥獣の保護及び管理並びに狩猟の適正化を図り、もって生物の多様性の確保（生態系の保護を含む。以下同じ。）、生活環境の保全及び農林水産業の健全な発展に寄与することを通じて、自然環境の恵沢を享受できる国民生活の確保及び地域社会の健全な発展に資することを目的とする。	1.鳥獣の捕獲等及び鳥類の卵の採取等の許可申請 <新規> 2.販売禁止鳥獣等の販売の許可申請 <新規> 3.危険猟法の許可申請 <新規>

⑤動物の愛護及び管理に関する法律（動物愛護管理法）

キーワード	目的（第1条）	行政書士業務
□動物の虐待及び遺棄の防止 □動物愛護 □人と動物の共生する社会の実現	この法律は、動物の虐待及び遺棄の防止、動物の適正な取扱いその他動物の健康及び安全の保持等の動物の愛護に関する事項を定めて国民の間に動物を愛護する気風を招来し、生命尊重、友愛及び	1.第一種動物取扱業登録申請 <新規> 2.第二種動物取扱業届出 <新規>

平和の情操の涵養に資す
るとともに、動物の管理
に関する事項を定めて動
物による人の生命、身体
及び財産に対する侵害並
びに生活環境の保全上の
支障を防止し、もつて人
と動物の共生する社会の
実現を図ることを目的と
する。

⑥廃棄物の処理及び清掃に関する法律（廃棄物処理法）

キーワード	目的（第1条）	行政書士業務
□廃棄物排出抑制 □廃棄物の適正処理 □生活環境の保全及び公衆衛生の向上	この法律は、廃棄物の排出を抑制し、及び廃棄物の適正な分別、保管、収集、運搬、再生、処分等の処理をし、並びに生活環境を清潔にすることにより、生活環境の保全及び公衆衛生の向上を図ることを目的とする。	1.一般廃棄物収集運搬業 許可申請（積替保管を除く） 2.一般廃棄物処理業 許可申請（積替保管を含む） 3.一般廃棄物収集運搬業の事業範囲変更許可申請（積替保管を除く） 4.一般廃棄物収集運搬業の事業範囲変更許可申請（積替保管を含む） 5.一般廃棄物収集運搬業 更新許可申請（積替保管を除く）<新規> 6.一般廃棄物収集運搬業 更新許可申請（積替保管を含む）<新規>

7.一般廃棄物収集運搬業 実績報告 <新規>

8.産業廃棄物収集運搬業 許可申請（積替保管を除く）<新規>

9.産業廃棄物収集運搬業 許可申請（積替保管を含む）<新規>

10.産業廃棄物処収集運搬業 変更許可申請（積替保管を除く）<新規>

11.産業廃棄物処収集運搬業 変更許可申請（積替保管を含む）<新規>

12.産業廃棄物処収集運搬業 更新許可申請（積替保管を除く）<新規>

13.産業廃棄物処収集運搬業 更新許可申請（積替保管を含む）<新規>

14.産業廃棄物処分業 許可申請（中間処理（焼却、破砕等））<新規>

15.産業廃棄物処分業 許可申請（最終処分（埋立、その他））<新規>

16.産業廃棄物処分業 変更許可申請（中間処理（焼却、破砕等））<新規>

		17.産業廃棄物処分業 変更許可申請（最終処分（埋立、その他））<新規>
		18.産業廃棄物処分業 更新許可申請（中間処理（焼却、破砕等））<新規>
		19.産業廃棄物処分業 更新許可申請（最終処分（埋立、その他））<新規>
		20.産業廃棄物処分施設 設置許可申請（中間処理（焼却、破砕等））<新規>
		21.産業廃棄物処分施設 設置許可申請（最終処分（埋立、その他））<新規>
		22.産業廃棄物処分施設 変更許可申請（中間処理（焼却、破砕等））<新規>
		23.産業廃棄物処分施設 変更許可申請（最終処分（埋立、その他））<新規>
		24.産業廃棄物管理票交付等状況報告 <新規>
		25.特別管理産業廃棄物収集運搬業 許可申請（積替保管を除く）<新規>
		26.特別管理産業廃棄物収集運搬業 許可申請（積替保管を含む）<新規>

Chapter 6

27.特別管理産業廃棄物収集運搬業 変更許可申請（積替保管を除く）<新規>

28.特別管理産業廃棄物収集運搬業 変更許可申請（積替保管を含む）<新規>

29.特別管理産業廃棄物収集運搬業 更新許可申請（積替保管を除く）<新規>

30.特別管理産業廃棄物収集運搬業 更新許可申請（積替保管を含む）<新規>

31.特別管理産業廃棄物処分業 許可申請（中間処理（焼却、破砕等））<新規>

32.特別管理産業廃棄物処分業 許可申請（最終処理（埋立、その他））<新規>

33.特別管理産業廃棄物処分業 変更申請（中間処理（焼却、破砕等））<新規>

34.特別管理産業廃棄物処分業 変更申請（最終処理（埋立、その他））<新規>

35.特別管理産業廃棄物処分業 更新申請（中間処理（焼却、破砕等））<新規>

36.特別管理産業廃棄物処分業 更新申請（最終処理（埋立、その他））<新規>

		37.特別管理産業廃棄物処分 施設 設置許可申請（中間処理 （焼却、破砕等））<新規> 38.特別管理産業廃棄物処分 施設 設置許可申請（最終処理 （埋立、その他））<新規> 39.特別管理産業廃棄物処分 施設 変更許可申請（中間処理 （焼却、破砕等））<新規> 40.特別管理産業廃棄物処分 施設 変更許可申請（最終処理 （埋立、その他））<新規>

⑦容器包装に係る分別収集及び再商品化の促進等に関する法律（容器包装リサイクル法）

キーワード	目的（第1条）	行政書士業務
□容器包装廃棄物の排出抑制・分別収集 □分別基準適合物の再商品化促進 □廃棄物の適正な処理 □資源の有効利用の確保 □生活環境の保全及び国民経済の健全な発展	この法律は、容器包装廃棄物の排出の抑制並びにその分別収集及びこれにより得られた分別基準適合物の再商品化を促進するための措置を講ずること等により、一般廃棄物の減量及び再生資源の十分な利用等を通じて、廃棄物の適正処理及び資源の有効な利用の確保を図り、もって生活環境の保全及び国民経済の健全な発展に寄与することを	1.自主回収認定申請 <新規>

Chapter 6

	目的とする。	

⑧建設工事に係る資材の再資源化等に関する法律（建設リサイクル法）

キーワード	目的（第1条）	行政書士業務
□特定の建設資材の分別解体等・再資源化等の促進 □解体工事業者の登録 □資源の有効利用の確保 □廃棄物の適正処理 □生活環境の保全及び国民経済の健全な発展	この法律は、特定の建設資材について、その分別解体等及び再資源化等を促進するための措置を講ずるとともに、解体工事業者について登録制度を実施すること等により、再生資源の十分な利用及び廃棄物の減量等を通じて、資源の有効な利用の確保及び廃棄物の適正な処理を図り、もって生活環境の保全及び国民経済の健全な発展に寄与することを目的とする。	1.建設リサイクル法第10条届出 2.解体工事業登録申請

⑨振動規制法

キーワード	目的（第1条）	行政書士業務
□工場・事業場における事業活動・建設工事に伴って発生する振動規制 □道路交通振動に係る要請の措置の策定	この法律は、工場及び事業場における事業活動並びに建設工事に伴つて発生する相当範囲にわたる振動について必要な規制を行うとともに、道路交通振動に係る要請の措置を定めること等により、	1.特定施設設置届出＜新規＞

	生活環境を保全し、国民の健康の保護に資することを目的とする。	

⑩浄化槽法

キーワード	目的（第1条）	行政書士業務
□浄化槽によるし尿及び雑排水の適正処理	この法律は、浄化槽の設置、保守点検、清掃及び製造について規制するとともに、浄化槽工事業者の登録制度及び浄化槽清掃業の許可制度を整備し、浄化槽設備士及び浄化槽管理士の資格を定めること等により、公共用水域等の水質の保全等の観点から浄化槽によるし尿及び雑排水の適正な処理を図り、もつて生活環境の保全及び公衆衛生の向上に寄与することを目的とする。	1.浄化槽清掃業許可申請<新規> 2.浄化槽設置届出<新規>

⑥ 経済産業省

　経済産業省は、民間の経済活力の向上及び対外経済関係の円滑な発展を中心とする経済及び産業の発展並びに鉱物資源及びエネルギーの安定的かつ効率的な供給の確保を図ることを任務とする（経済産業省設置法3条・任務）。

Chapter

6

(1)「民間の経済活力の向上及び対外経済関係の円滑な発展を中心とする経済及び産業の発展」に係わる業務

①特許法

キーワード	目的（第1条）	行政書士業務
□発明の保護及び利用 □発明の奨励	この法律は、発明の保護及び利用を図ることにより、発明を奨励し、もつて産業の発達に寄与することを目的とする。	1.特許権移転登録申請 2.専用実施権設定登録申請 3.商標権移転登録申請 4.専用使用権設定登録申請 5.輸入差止申立書、輸入差止情報提供書件

②半導体集積回路の回路配置に関する法律（半導体回路配置保護法）

キーワード	目的（第1条）	行政書士業務
□半導体集積回路の開発促進	この法律は、半導体集積回路の回路配置の適正な利用の確保を図るための制度を創設することにより、半導体集積回路の開発を促進し、もつて国民経済の健全な発展に寄与することを目的とする。	1.半導体集積回路の回路配置利用権登録申請

③使用済自動車の再資源化等に関する法律（自動車リサイクル法）

キーワード	目的（第1条）	行政書士業務
□使用済自動車に係る廃棄物の適正な処理 □使用済自動車に係る資源の有効利用の確保	この法律は、自動車製造業者等及び関連事業者による使用済自動車の引取り及び引渡し並びに再資源化等を適正かつ円滑に実施するための措置を講	1.自動車リサイクル法引取業者登録申請 <新規> 2.使用済自動車解体業許可申請 3.使用済自動車破砕業許可申請 <新規>

□生活環境の保全及び国民経済の健全な発展	ずることにより、使用済自動車に係る廃棄物の減量並びに再生資源及び再生部品の十分な利用等を通じて、使用済自動車に係る廃棄物の適正な処理及び資源の有効な利用の確保等を図り、もって生活環境の保全及び国民経済の健全な発展に寄与することを目的とする。	

④フロン類の使用の合理化及び管理の適正化に関する法律（フロン排出抑制法）

キーワード	目的（第1条）	行政書士業務
□オゾン層保護 □地球温暖化防止	この法律は、人類共通の課題であるオゾン層の保護及び地球温暖化（地球温暖化対策の推進に関する法律（平成10年法律第117号）第2条第1項に規定する地球温暖化をいう。以下同じ。）の防止に積極的に取り組むことが重要であることに鑑み、オゾン層を破壊し又は地球温暖化に深刻な影響をもたらすフロン類の大気中への排出を抑制するため、フロン類の使用の合理化及び特定製品に使用される	1.第一種フロン類充塡回収業者登録（更新）申請 <新規> 2.第一種フロン類再生業者登録申請 <新規> 3.フロン類破壊業者許可（更新・変更）申請 <新規> 4.指定施設設置（使用・変更）届出 <新規>

Chapter 6

| | フロン類の管理の適正化に関する指針並びにフロン類及びフロン類使用製品の製造業者等並びに特定製品の管理者の責務等を定めるとともに、フロン類の使用の合理化及び特定製品に使用されるフロン類の管理の適正化のための措置等を講じ、もって現在及び将来の国民の健康で文化的な生活の確保に寄与するとともに人類の福祉に貢献することを目的とする。 | |

⑤特定化学物質の環境への排出量の把握等及び管理の改善の促進に関する法律（化学物質排出把握管理促進法）

キーワード	目的（第1条）	行政書士業務
□特定の化学物質の環境への排出量等の把握 □事業者による特定の化学物質の性状・取扱いに関する情報提供 □事業者による化学物質の自主的な管理の改善促進	この法律は、環境の保全に係る化学物質の管理に関する国際的協調の動向に配慮しつつ、化学物質に関する科学的知見及び化学物質の製造、使用その他の取扱いに関する状況を踏まえ、事業者及び国民の理解の下に、特定の化学物質の環境への排出量等の把握に関する措	1.第一種指定化学物質の排出量及び移動量の届出 <新規>

	置並びに事業者による特定の化学物質の性状及び取扱いに関する情報の提供に関する措置等を講ずることにより、事業者による化学物質の自主的な管理の改善を促進し、環境の保全上の支障を未然に防止することを目的とする。	

(2)「鉱物資源及びエネルギーの安定的かつ効率的な供給の確保」に係わる業務

①採石法

キーワード	目的（第1条）	行政書士業務
□岩石の採取に伴う災害防止 □岩石採取事業の健全な発達	この法律は、採石権の制度を創設し、岩石の採取の事業についてその事業を行なう者の登録、岩石の採取計画の認可その他の規制等を行ない、岩石の採取に伴う災害を防止し、岩石の採取の事業の健全な発達を図ることによつて公共の福祉の増進に寄与することを目的とする。	1.採取計画認可申請 2.採石業者登録申請 3.採取計画認可申請（砂利採取） 4.採取計画認可申請（洗浄）

Chapter 6

②砂利採取法

キーワード	目的（第1条）	行政書士業務
□砂利採取に伴う災害防止 □砂利採取業の健全な発達	この法律は、砂利採取業について、その事業を行なう者の登録、砂利の採取計画の認可その他の規制を行なうこと等により、砂利の採取に伴う災害を防止し、あわせて砂利採取業の健全な発達に資することを目的とする。	1.砂利採取業者登録申請

③電気工事業の業務の適正化に関する法律（電気工事業法）

キーワード	目的（第1条）	行政書士業務
□電気工事業者の業務の適正な実施確保 □一般用電気工作物及び自家用電気工作物の保安確保	この法律は、電気工事業を営む者の登録等及びその業務の規制を行うことにより、その業務の適正な実施を確保し、もつて一般用電気工作物及び自家用電気工作物の保安の確保に資することを目的とする。	1.登録電気工事業者登録申請 2.電気工事業開始届

❼ 中小企業庁（経済産業省）

　中小企業庁は、健全な独立の中小企業が、国民経済を健全にし、及び発達させ、経済力の集中を防止し、且つ、企業を営もうとする者に対し、公平な事業

活動の機会を確保するものであるのに鑑み、中小企業を育成し、及び発展させ、且つ、その経営を向上させるに足る諸条件を確立するという目的を達成することを任務とする（中小企業庁設置法 3条・任務）。

「中小企業を育成・発展させ、その経営を向上させるに足る諸条件の確立」に係わる業務

①中小企業等経営強化法

キーワード	目的（第1条）	行政書士業務
□創業及び新たに設立された企業の事業活動の支援 □中小企業の経営革新・中小企業等の経営力向上の支援 □中小企業の事業継続力強化の支援 □中小企業等の経営強化	この法律は、中小企業等の多様で活力ある成長発展が経済の活性化に果たす役割の重要性に鑑み、創業及び新たに設立された企業の事業活動の支援、中小企業の経営革新及び中小企業等の経営力向上の支援並びに中小企業の事業継続力強化の支援を行うことにより、中小企業等の経営強化を図り、もって国民経済の健全な発展に資することを目的とする。	1.経営革新計画書の作成

②中小企業における経営の承継の円滑化に関する法律（経営承継円滑化法）

キーワード	目的（第1条）	行政書士業務
□中小企業における経営の承継の円滑化	この法律は、多様な事業の分野において特色ある事業活動を行い、多様な就業の機会を提供するこ	1.事業承継計画書の作成 2.遺留分特例に基づく合意書の作成 3.中小企業事業承継再生計画

		の作成
	と等により我が国の経済の基盤を形成している中小企業について、代表者の死亡等に起因する経営の承継がその事業活動の継続に影響を及ぼすことにかんがみ、遺留分に関し民法（明治29年法律第89号）の特例を定めるとともに、中小企業者が必要とする資金の供給の円滑化等の支援措置を講ずることにより、中小企業における経営の承継の円滑化を図り、もって中小企業の事業活動の継続に資することを目的とする。	

③中小企業等協同組合法

キーワード	目的（第1条）	行政書士業務
□中小企業の公正な経済活動の機会確保 □中小企業の自主的な経済活動促進	この法律は、中小規模の商業、工業、鉱業、運送業、サービス業その他の事業を行う者、勤労者その他の者が相互扶助の精神に基き協同して事業を行うために必要な組織について定め、これらの者の公正な経済活動の機会を確保し、もつてその自	1.中小企業等協同組合設立認可申請 2.中小企業等協同組合定款変更認可申請 3.中小企業等協同組合決算関係書類提出 4.中小企業等協同組合役員変更届出

主的な経済活動を促進し、且つ、その経済的地位の向上を図ることを目的とする。		

⑧ 総務省

　総務省は、行政の基本的な制度の管理及び運営を通じた行政の総合的かつ効率的な実施の確保、地方自治の本旨の実現及び民主政治の基盤の確立、自立的な地域社会の形成、国と地方公共団体及び地方公共団体相互間の連絡協調、情報の電磁的方式による適正かつ円滑な流通の確保及び増進、電波の公平かつ能率的な利用の確保及び増進、郵政事業の適正かつ確実な実施の確保、公害に係る紛争の迅速かつ適正な解決、鉱業、採石業又は砂利採取業と一般公益又は各種の産業との調整並びに消防を通じた国民の生命、身体及び財産の保護を図り、並びに他の行政機関の所掌に属しない行政事務及び法律（法律に基づく命令を含む。）で総務省に属させられた行政事務を遂行することを任務とする（総務省設置法 3 条・任務）。

(1)「国民の生命、身体及び財産の保護」に係わる業務
消防法

キーワード	目的（第1条）	行政書士業務
□火災予防・警戒・鎮圧 □国民の生命・身体・財産の火災からの保護 □災害被害の軽減 □災害等による傷病	この法律は、火災を予防し、警戒し及び鎮圧し、国民の生命、身体及び財産を火災から保護するとともに、火災又は地震等の災害による被害を軽減するほか、災害等による	1.火気使用設備等の設置届出 2.防火対象物使用開始届出 3.危険物製造所等設置認可申請 4.消防計画の作成（小規模・中規模） 5.消防計画の作成（大規模）

Chapter 6

| 者の適切な搬送 | 傷病者の搬送を適切に行い、もつて安寧秩序を保持し、社会公共の福祉の増進に資することを目的とする。 | 6.消防法令適合通知書交付申請 |

(2)「自立的な地域社会の形成」に係わる業務

①地方自治法

キーワード	目的（第1条）	行政書士業務
□地方公共団体の健全な発達の保障	この法律は、地方自治の本旨に基いて、地方公共団体の区分並びに地方公共団体の組織及び運営に関する事項の大綱を定め、併せて国と地方公共団体との間の基本的関係を確立することにより、地方公共団体における民主的にして能率的な行政の確保を図るとともに、地方公共団体の健全な発達を保障することを目的とする。	1.地縁団体認可申請 <新規>

②行政手続法

キーワード	目的（第1条）	行政書士業務
□行政運営における公正の確保と透明性の向上	この法律は、処分、行政指導及び届出に関する手続並びに命令等を定める手続に関し、共通する事	1.聴聞・弁明の機会の付与手続

項を定めることによって、行政運営における公正の確保と透明性（行政上の意思決定について、その内容及び過程が国民にとって明らかであることをいう。第46条において同じ。）の向上を図り、もって国民の権利利益の保護に資することを目的とする。	

③行政不服審査法

キーワード	目的（第1条）	行政書士業務
□国民の権利利益の救済 □行政の適正な運営の確保	この法律は、行政庁の違法又は不当な処分その他公権力の行使に当たる行為に関し、国民が簡易迅速かつ公正な手続の下で広く行政庁に対する不服申立てをすることができるための制度を定めることにより、国民の権利利益の救済を図るとともに、行政の適正な運営を確保することを目的とする。	1.行政不服申立て手続代理

Chapter 6

財務省は、健全な財政の確保、適正かつ公平な課税の実現、税関業務の適正な運営、国庫の適正な管理、通貨に対する信頼の維持及び外国為替の安定の確保を図ることを任務とする（財務省設置法 3 条・任務）。

（1）「税関業務の適正な運営」に係わる業務

関税法

キーワード	目的（第1条）	行政書士業務
□税関手続の適正な処理	この法律は、関税の確定、納付、徴収及び還付並びに貨物の輸出及び輸入についての税関手続の適正な処理を図るため必要な事項を定めるものとする。	1.輸出入許可・承認等手続

（2）「通貨に対する信頼の維持及び外国為替の安定の確保」に係わる業務

外国為替及び外国貿易管理法（外為法）

キーワード	目的（第1条）	行政書士業務
□対外取引の正常な発展	この法律は、外国為替、外国貿易その他の対外取引が自由に行われることを基本とし、対外取引に対し必要最小限の管理又は調整を行うことにより、対外取引の正常な発展並びに我が国又は国際	1.対日投資等に関する手続 2.外国向け文書の認証手続

	社会の平和及び安全の維持を期し、もつて国際収支の均衡及び通貨の安定を図るとともに我が国経済の健全な発展に寄与することを目的とする。	

⑩ 国税庁（財務省）

国税庁は、内国税の適正かつ公平な賦課及び徴収の実現、酒類業の健全な発達及び税理士業務の適正な運営の確保を図ることを任務とする（財務省設置法19条・任務）。

「酒類業の健全な発達」に係わる業務
酒税法

所轄官庁	目的（第1条）	行政書士業務
□酒類販売免許	酒類には、この法律により、酒税を課する。	1.酒類販売業免許申請

⑪ 文部科学省

文部科学省は、教育の振興及び生涯学習の推進を中核とした豊かな人間性を備えた創造的な人材の育成、学術の振興、科学技術の総合的な振興並びにスポーツ及び文化に関する施策の総合的な推進を図るとともに、宗教に関する行政事務を適切に行うことを任務とする（文部科学省設置法3条・任務）。

Chapter
6

「教育の振興」に係わる業務

私立学校法

キーワード	目的（第1条）	行政書士業務
□私立学校の健全な発達	この法律は、私立学校の特性にかんがみ、その自主性を重んじ、公共性を高めることによつて、私立学校の健全な発達を図ることを目的とする。	1.学校法人設立（学校等設置認可）申請

⑫ 文化庁（文部科学省）

　文化庁は、文化の振興その他の文化に関する施策の総合的な推進並びに国際文化交流の振興及び博物館による社会教育の振興を図るとともに、宗教に関する行政事務を適切に行うことを任務とする（文部科学省設置法17条・任務）。

(1)「宗教に関する行政事務を適切に行うこと」に係わる業務

宗教法人法

キーワード	目的（第1条）	行政書士業務
□宗教団体の業務・事業運営 □宗教団体に法律上の能力を与える	この法律は、宗教団体が、礼拝の施設その他の財産を所有し、これを維持運用し、その他その目的達成のための業務及び事業を運営することに資するため、宗教団体に法律上の能力を与えることを目的とする。	1.宗教法人設立（規則認証）申請

（2）「文化の振興」に係わる業務
著作権法

キーワード	目的（第1条）	行政書士業務
□著作者等の権利の保護	この法律は、著作物並びに実演、レコード、放送及び有線放送に関し著作者の権利及びこれに隣接する権利を定め、これらの文化的所産の公正な利用に留意しつつ、著作者等の権利の保護を図り、もつて文化の発展に寄与することを目的とする。	1.著作権登録申請（プログラム関係を除く） 2.著作権者不明等の場合の裁定制度申請＜新規＞ 3.プログラムの著作物に係る登録申請

⑬ 外務省

　外務省は、平和で安全な国際社会の維持に寄与するとともに主体的かつ積極的な取組を通じて良好な国際環境の整備を図ること並びに調和ある対外関係を維持し発展させつつ、国際社会における日本国及び日本国民の利益の増進を図ることを任務とする（外務省設置法 3条・任務）。

「国際社会における日本国及び日本国民の利益の増進」に係わる業務
旅券法

キーワード	目的（第1条）	行政書士業務
□旅券の発給・効力	この法律は、旅券の発給、効力その他旅券に関し必要な事項を定めることを目的とする。	1.一般旅券申請 2.日本国査証申請

Chapter 6

⑭ 法務省

法務省は、基本法制の維持及び整備、法秩序の維持、国民の権利擁護、国の利害に関係のある争訟の統一的かつ適正な処理並びに出入国及び外国人の在留の公正な管理を図ることを任務とする（法務省設置法３条・任務）。

(1)「出入国及び外国人の在留の公正な管理」に係わる業務
出入国管理及び難民認定法（入管法）

キーワード	目的（第1条）	行政書士業務
□本邦に入国し、又は本邦から出国する全ての人の出入国の公正な管理 □本邦に在留する全ての外国人の在留の公正な管理 □難民の認定手続の整備	出入国管理及び難民認定法は、本邦に入国し、又は本邦から出国する全ての人の出入国及び本邦に在留する全ての外国人の在留の公正な管理を図るとともに、難民の認定手続を整備することを目的とする。	1.在留資格認定証明書交付申請（居住資格） 2.在留資格認定証明書交付申請（就労資格） 3.在留資格認定証明書交付申請（非就労資格） 4.在留資格認定証明書交付申請（経営・管理） 5.在留資格変更許可申請（居住資格） 6.在留資格変更許可申請（就労資格） 7.在留資格変更許可申請（非就労資格） 8.在留資格変更許可申請（経営・管理） 9.在留期間更新許可申請（居住資格） 10.在留期間更新許可申請（就労資格）

		11.在留期間更新許可申請（非就労資格）
		12.在留期間更新許可申請（経営・管理）
		13.永住許可申請
		14.在留資格取得許可申請
		15.再入国許可申請
		16.資格外活動許可申請
		17.就労資格証明書交付申請

(2)「国民の権利擁護」に係わる業務

①国籍法

キーワード	目的（第1条）	行政書士業務
□日本国民たる要件	日本国民たる要件は、この法律の定めるところによる。	1.国籍取得届等の手続 2.帰化許可申請（被雇用者） 3.帰化許可申請（個人事業主及び法人役員） 4.帰化許可申請（簡易帰化） 5.渉外身分関係手続（結婚、離婚、養子縁組等）

②刑事訴訟法

キーワード	目的（第1条）	行政書士業務
□刑罰法令の適正且つ迅速な適用実現	この法律は、刑事事件につき、公共の福祉の維持と個人の基本的人権の保障とを全うしつつ、事案の真相を明らかにし、刑罰法令を適正且つ迅速に適用実現することを目的とする。	1.告訴状・告発状作成

Chapter 6

167

③日本国憲法16条

キーワード	憲法（第16条）	行政書士業務
□請願 □陳情	何人も、損害の救済、公務員の罷免、法律、命令又は規則の制定、廃止又は改正その他の事項に関し、平穏に請願する権利を有し、何人も、かかる請願をしたためにいかなる差別待遇も受けない。	1.請願書・陳情書

(3)「基本法制の維持及び整備」に係わる業務

①会社法

キーワード	目的（第1条）	具体的業務
□会社の設立・組織・運営・管理	会社の設立、組織、運営及び管理については、他の法律に特別の定めがある場合を除くほか、この法律の定めるところによる。	1.会社設立手続 2.会社の合併・分割手続 3.会計記帳・決算書類作成 4.議事録作成

②一般社団法人及び一般財団法人に関する法律

キーワード	目的（第1条）	具体的業務
□一般社団法人及び一般財団法人の設立・組織・運営・管理	一般社団法人及び一般財団法人の設立、組織、運営及び管理については、他の法律に特別の定めがある場合を除くほか、この法律の定めるところによる。	1.一般社団法人の設立手続 2.一般財団法人の設立手続 3.一般社団・財団法人から公益社団・財団法人への公益認定申請 4.特例民法法人から公益社団・財団法人への移行認定申請

		5.特例民法法人から一般社団・財団法人への移行認可申請

⑮ 内閣府

　内閣府は、皇室、栄典及び公式制度に関する事務その他の国として行うべき事務の適切な遂行、男女共同参画社会の形成の促進、市民活動の促進、沖縄の振興及び開発、北方領土問題の解決の促進、災害からの国民の保護、事業者間の公正かつ自由な競争の促進、国の治安の確保、個人情報の適正な取扱いの確保、カジノ施設の設置及び運営に関する秩序の維持及び安全の確保、金融の適切な機能の確保、消費者が安心して安全で豊かな消費生活を営むことができる社会の実現に向けた施策の推進、政府の施策の実施を支援するための基盤の整備並びに経済その他の広範な分野に関係する施策に関する政府全体の見地からの関係行政機関の連携の確保を図るとともに、内閣総理大臣が政府全体の見地から管理することがふさわしい行政事務の円滑な遂行を図ることを任務とする（内閣府設置法 3 条・任務）。

「市民活動の促進」に係わる業務
特定非営利活動促進法（NPO法）

キーワード	目的（第1条）	行政書士業務
□ボランティア活動 □特定非営利活動の健全な発展促進	この法律は、特定非営利活動を行う団体に法人格を付与すること並びに運営組織及び事業活動が適正であって公益の増進に資する特定非営利活動法人の認定に係る制度を設けること等により、ボラ	1.特定非営利活動法人設立認証申請（NPO法人設立）

Chapter
6

ンティア活動をはじめと
する市民が行う自由な社
会貢献活動としての特定
非営利活動の健全な発展
を促進し、もって公益の
増進に寄与することを目
的とする。

⑯ 公正取引委員会（内閣府）

「一般消費者の利益確保と国民経済の民主的で健全な発達の促進」に係わる業務

私的独占の禁止及び公正取引の確保に関する法律（独占禁止法）

キーワード	目的（第1条）	行政書士業務
□公正且つ自由な競争の促進	この法律は、私的独占、不当な取引制限及び不公正な取引方法を禁止し、事業支配力の過度の集中を防止して、結合、協定等の方法による生産、販売、価格、技術等の不当な制限その他一切の事業活動の不当な拘束を排除することにより、公正且つ自由な競争を促進し、事業者の創意を発揮させ、事業活動を盛んにし、雇傭及び国民実所得の水準を高め、以て、一	1.法第9条の規定による報告書・届出 2.法第11条の規定による認可申請 3.株式取得、合併・分割・共同株式移転・事業等の譲受けに関する計画届出 4.課徴金減免申請

	般消費者の利益を確保するとともに、国民経済の民主的で健全な発達を促進することを目的とする。

⑰ 消費者庁（内閣府）

　消費者庁は、消費者基本法第2条の消費者の権利の尊重及びその自立の支援その他の基本理念にのっとり、消費者が安心して安全で豊かな消費生活を営むことができる社会の実現に向けて、消費者の利益の擁護及び増進、商品及び役務の消費者による自主的かつ合理的な選択の確保並びに消費生活に密接に関連する物資の品質に関する表示に関する事務を行うことを任務とする（消費者庁設置法 3条・任務）。

(1)「消費者の利益の擁護」に係わる業務

不当景品類及び不当表示防止法（景品表示法）

キーワード	目的（第1条）	行政書士業務
□不当な景品類及び表示による顧客の誘引防止 □一般消費者の利益保護	この法律は、商品及び役務の取引に関連する不当な景品類及び表示による顧客の誘引を防止するため、一般消費者による自主的かつ合理的な選択を阻害するおそれのある行為の制限及び禁止について定めることにより、一般消費者の利益を保護することを目的とする。	1.公正競争規約認定申請

(2)「消費生活に密接に関連する物資の品質に関する表示」に係わる業務

健康増進法

キーワード	目的（第1条）	行政書士業務
□急速な高齢化の進展及び疾病構造の変化 □国民の健康増進の総合的な推進 □国民の栄養の改善 □国民保健の向上	この法律は、我が国における急速な高齢化の進展及び疾病構造の変化に伴い、国民の健康の増進の重要性が著しく増大していることにかんがみ、国民の健康の増進の総合的な推進に関し基本的な事項を定めるとともに、国民の栄養の改善その他の国民の健康の増進を図るための措置を講じ、もって国民保健の向上を図ることを目的とする。	1.特定保健用食品の許可審査手続

⑱ 金融庁（内閣府）

「金融の機能の安定確保と資金需要者の保護」に係わる業務

①貸金業法

キーワード	目的（第1条）	行政書士業務
□貸金業者の適正な活動促進 □貸金業者の業務の適正な運営確保 □資金需要者等の利	この法律は、貸金業が我が国の経済社会において果たす役割にかんがみ、貸金業を営む者について登録制度を実施し、その	1.貸金業登録申請 <新規>

| 益保護 | 事業に対し必要な規制を行うとともに、貸金業者の組織する団体を認可する制度を設け、その適正な活動を促進するほか、指定信用情報機関の制度を設けることにより、貸金業を営む者の業務の適正な運営の確保及び資金需要者等の利益の保護を図るとともに、国民経済の適切な運営に資することを目的とする。 | |

②金融商品取引法

キーワード	目的（第1条）	行政書士業務
□金融商品取引所の適切な運営確保 □有価証券の流通円滑化	この法律は、企業内容等の開示の制度を整備するとともに、金融商品取引業を行う者に関し必要な事項を定め、金融商品取引所の適切な運営を確保すること等により、有価証券の発行及び金融商品等の取引等を公正にし、有価証券の流通を円滑にするほか、資本市場の機能の十全な発揮による金融商品等の公正な価格形成等を図り、もつて国民	1.第二種金融商品取引業登録申請

Chapter 6

経済の健全な発展及び投資者の保護に資することを目的とする。	

⑲ 都道府県公安委員会（国家公安委員会・内閣府）

　国家公安委員会は、国の公安に係る警察運営をつかさどり、警察教養、警察通信、情報技術の解析、犯罪鑑識、犯罪統計及び警察装備に関する事項を統轄し、並びに警察行政に関する調整を行うことにより、個人の権利と自由を保護し、公共の安全と秩序を維持することを任務とする（警察法 5条1項・7項・任務及び所掌事務）。

(1)「風俗営業の健全化」に係わる業務
風俗営業等の規制及び業務の適正化等に関する法律（風営法）

キーワード	目的（第1条）	行政書士業務
□善良の風俗と清浄な風俗環境の保持 □少年の健全な育成に障害を及ぼす行為の防止 □風俗営業の健全化 □風俗営業の適正化促進	この法律は、善良の風俗と清浄な風俗環境を保持し、及び少年の健全な育成に障害を及ぼす行為を防止するため、風俗営業及び性風俗関連特殊営業等について、営業時間、営業区域等を制限し、及び年少者をこれらの営業所に立ち入らせること等を規制するとともに、風俗営業の健全化に資するため、その業務の適正化を促進する等の措置を講	1.深夜酒類提供飲食店営業開始届出 2.風俗営業許可申請 1号 社交飲食店・料理店 3.風俗営業許可申請 2号 低照度飲食店 4.風俗営業許可申請 3号 区画席飲食店 5.風俗営業許可申請 4号 マージャン店・パチンコ店等 6.風俗営業許可申請 5号 ゲームセンター等 7.性風俗特殊営業営業開始届出（店舗型）

		8.性風俗特殊営業営業開始届出（無店舗型）
		9.性風俗特殊営業営業開始届出（映像送信型）
		10.特定遊興飲食店営業許可申請

（2）「警備業務の実施の適正化」に係わる業務

警備業法

キーワード	目的（第1条）	行政書士業務
□警備業務の実施の適正化	この法律は、警備業について必要な規制を定め、もつて警備業務の実施の適正を図ることを目的とする。	1.警備業認定申請 <新規>

（3）「窃盗その他の犯罪の防止・被害の迅速な回復」に係わる業務

古物営業法

キーワード	目的（第1条）	行政書士業務
□盗品等の売買の防止 □窃盗その他の犯罪の防止 □窃盗その他の犯罪被害の迅速な回復	この法律は、盗品等の売買の防止、速やかな発見等を図るため、古物営業に係る業務について必要な規制等を行い、もつて窃盗その他の犯罪の防止を図り、及びその被害の迅速な回復に資することを目的とする。	1.古物商許可申請

Chapter
6

⑳ 関係各省庁・金融機関

キーワード		行政書士業務
□事業家支援		1.公的補助金・助成金の受給申請 2.公庫等金融機関に対する融資申込 3.知的資産経営報告書作成（経済産業省）

II
「権利義務又は事実証明に関する
相談・書類作成」編

「国民の権利擁護」に係わる業務

(1) 民法

キーワード	基本原則（第1条）	行政書士業務
□相続 □遺言 □遺産分割 □遺言執行 □離婚	1　私権は、公共の福祉に適合しなければならない。 2　権利の行使及び義務の履行は、信義に従い誠実に行わなければならない。 3　権利の濫用は、これを許さない。	1.遺言書の起案及び作成指導 2.遺産分割協議書の作成 3.相続人及び相続財産の調査 4.相続分なきことの証明書作成 5.遺言執行手続 6.離婚協議書作成

(2) 任意後見契約に関する法律

キーワード	目的（第1条）	行政書士業務
□任意後見契約の方式・効力 □任意後見人の監督	この法律は、任意後見契約の方式、効力等に関し特別の定めをするとともに、任意後見人に対する監督に関し必要な事項を定めるものとする。	1.任意成年後見契約に関する調査・起案

Chapter
6

(3) その他

キーワード		行政書士業務
□内容証明郵便 □契約書 □外国文		1.内容証明郵便作成 2.電子内容証明作成 3.英文等各種外国語による契約書作成 4.各種国際間貿易取引通信文作成

おわりに
行政書士と人間の本性

　「行政書士は何者か」。この問いに答えるために行政書士の「本質」を明らか
にすることが本書を書く動機でした。そこで、江戸時代末期の「町の法律家」
の誕生から行政書士法成立までの歴史を調べて導いた答えが「分野不特定の法
律系国家資格」です。そして、行政書士を活用すれば、「好き」なことを「仕事」
として成立できる、というのが本書でお伝えしたかったことです。

　本書の最後に、行政書士を活用して「好き」なことを「仕事」にするストー
リーを確認しておきましょう。まず、「好き」なことを、行政書士の本質の要
素の一つである「分野不特定」が織りなす「広範な業務範囲」に紐付けして「行
政書士の取扱い業務」とする。次に、「好きこそものの上手なれ」の諺のとおり、
思う存分深掘りして「専門分野」のレベルまで昇華させる。さらに、「法律系
国家資格」というもう一つの要素に内在している「信用」を専門分野に加味し
て、行政書士の「相手」である相談者・依頼者に受け入れやすくする。そして、
専門家として依頼者の「切実な悩み」を速やかに解決する。その結果、悩みか
ら解放された依頼者はもちろん、喜んでいる依頼者の姿を見た行政書士もハッ
ピーでめでたしめでたし、といったお話です。

　行政書士の本質を理解すれば、行政書士に対する「行政書士は喰えない資格」
「行政書士は早晩なくなる」といった"伝統的中傷"も割とどうでもよい話で気
にならなくなります。
　まず、「行政書士は喰えない資格」ですが、そのように言う方は「分野不特定」
という業務範囲を「なんでもできる」と勘違いして、売れるレベルの特定分野
の専門性を持たないままに開業してしまい、仕事に不可欠な相手に「相手にさ
れなかった」結果と考えられます。「なんでもできるはなんにもできない」の
は世の常です。行政書士の本質を理解しないまま、資格に頼り切って開業すれ
ば「喰えない」のは当然の成り行きです。
　「行政書士は早晩なくなる」という意見は行政書士の「生命力の強さ」を知

ればそう簡単には消滅しないことがおわかりいただけます。第1章でお話しし
たとおり、行政書士の始源は、明治時代に司法省が1872（明治5）年に公布し
た「司法職務定制」に規定された代書人に認められますが、それから既に150
年経っています。江戸時代末期に現れた公事師・町村役人まで遡れば200年近
くになるのではないでしょうか。代書人から行政代書人へ、そして国家資格
者・行政書士までの道のりは平たんなものではなかったことは同じく第1章で
お話ししたとおりです。では、なぜ消滅しなかったのでしょうか。それは、行
政書士の業務が「面倒なことはしたくない」「不安から早く逃れたい」といっ
た「人間の本性」に根差しているからです。人間の本性はそう簡単に変わりま
せん。行政書士は今までそうであったように「分野不特定」という本質の衣を
身に纏い、時代の変化に対応しながら、しなやかに・しぶとく生き続けていく
はずです。

　考えてみれば「好きなことを仕事にしたい」ということも人間の本性からく
る願望です。私が答を出した行政書士の「分野不特定の法律系国家資格」とい
う本質から何かを汲み取っていただけたなら、それに優る喜びはありません。
私の話はこれでおしまいです。最後までお付き合いいただいて本当にありがと
うございました。

参考文献

第1章

『行政書士』（清宮寿朗、日経文庫）

『東京都行政書士会50年史』（東京都行政書士会制度50周年事業委員会）

第2章

『行政書士法コンメンタール 新12版』（兼子仁、北樹出版）

『詳解　行政書士法　第4次改訂版』（地方自治制度研究会、ぎょうせい）

第3章 「仕事」について考える

『ストーリーとしての競争戦略』（楠木健、東洋経済新報社）

『好きなようにしてください』（楠木健、ダイヤモンド社）

第4章

『99日で受かる！行政書士試験最短合格術』（遠田誠貴、税務経理協会）

全　章

『行政書士合格者のための開業準備実践講座　第3版』（竹内豊、税務経理協会）

執筆者紹介

竹内　豊（たけうち　ゆたか）
1965年　東京に生まれる
1989年　中央大学法学部卒、西武百貨店入社
1998年　行政書士試験合格
2001年　行政書士登録
2017年　Yahoo！JAPANから「Yahoo！ニュース個人」のオーサーに認定される。
テーマ：「家族法で人生を乗り切る。」
現　在　竹内行政書士事務所　代表
行政書士合格者のための開業準備実践講座　主宰
http：//t-yutaka.com/

　事務所のコンセプトは「遺言の普及と速やかな相続手続の実現」。その一環として、「行政書士合格者のための開業準備実践ゼミ」や出版・ブログを通じて実務家の養成に努めている。

　また、「家族法で人生を乗り切る」をテーマにYahoo！ニュースに記事を提供している。

【主要著書】
『新訂第3版　行政書士のための「遺言・相続」実務家養成講座』2022年、税務経理協会
『行政書士のための「銀行の相続手続」実務家養成講座』2022年、税務経理協会
『行政書士合格者のための開業準備実践講座（第3版）』2020年、税務経理協会
『行政書士のための「高い受任率」と「満足行く報酬」を実現する心得と技』

2020年、税務経理協会

『親が亡くなる前に知るべき相続の知識、相続・相続税の傾向と対策～遺言のすすめ』（共著）2013年、税務経理協会

『親に気持ちよく遺言書を準備してもらう本』2012年、日本実業出版社

『親が亡くなった後で困る相続・遺言50』（共著）2011年、総合法令出版

【監修】

『増補改訂版　99日で受かる！行政書士最短合格術』2022年、税務経理協会

『行政書士のための「産廃業」実務家養成講座』2022年、税務経理協会

『行政書士のための「新しい家族法務」実務家養成講座』2018年、税務経理協会

『行政書士のための「建設業」実務家養成講座（第2版）』2018年、税務経理協会

【実務家向けDVD】

『実務担当者のための「銀行の相続手続」養成講座』2022年

『実際にあった遺産分割のヒヤリ事例10』2021年

『遺言・相続実務家養成講座』2018年

『落とし穴に要注意！　遺言の実務Q&A 72』2017年

『わけあり相続手続　現物資料でよくわかるスムーズに進めるコツ大全集』2017年

『相続手続は面談が最重要　受任率・業務効率をアップする技』2016年

『銀行の相続手続が「あっ」という間に終わるプロの技』2016年

『遺言書の現物17選　実務"直結"の5分類』2015年

『現物資料61見本付！　銀行の相続手続の実務を疑似体験』2015年

『遺産分割協議書の作成実務　状況別詳細解説と落とし穴』2015年

『銀行の相続手続　実務手続の再現と必要書類』2015年

『作成から執行まで　遺言の実務』2014年

『そうか！遺言書にはこんな力が　転ばぬ先の遺言書　書く方も勧める方も安心の実行術』2013年

『自筆証書遺言3つの弱点・落とし穴　そこで私はこう補います』2013年

『夫や親に気持ちよく遺言書を書いてもらう方法』2012年

以上お申込み・お問合せ
株式会社レガシィ

【主要取材】

『週刊ポスト』〜「法律のプロ25人だけが知る、絶対にもめない損しない相続」2022年7月1日号

『週刊ポスト』〜「夫婦でやめると幸せになる111の秘訣」2022年6月24日号

『週刊ポスト』〜「相続・親戚トラブルでビター文払わない鉄則15」2022年6月10・17日号

『女性自身』〜「親族ともめない相続マニュアル」2021年11月2日号

ABCラジオ『おはようパーソナリティ道上洋三です』〜「遺言書保管法のいろは」2020年7月22日

『女性自身』〜「特集　妻の相続攻略ナビ」2019年3月26日号

文化放送「斉藤一美ニュースワイド SAKIDORI」〜「相続法、どう変わったの？」2019年1月14日放送

『はじめての遺言・相続・お墓』〜2016年3月、週刊朝日 MOOK

『週刊朝日』〜「すべての疑問に答えます！　相続税対策Q&A」2015年1月9日号

『ズバリ損しない相続』2014年3月、週刊朝日 MOOK

『朝日新聞』〜「冬休み相続の話しでも」2013年12月18日朝刊

『週刊朝日』〜「不動産お得な相続10問10答」2013年10月8日号

『週刊朝日臨時増刊号・50歳からのお金と暮らし』2013年7月

『週刊朝日』〜「妻のマル秘相続術」2013年3月8日号

『週刊朝日』〜「相続を勝ち抜くケース別Q&A 25」2013年1月25日号

『週刊朝日』〜「2013年版"争族"を防ぐ相続10のポイント」2013年1月18日号

『婦人公論』～「親にすんなりと遺言書を書いてもらうには」2012年11月22日号

『週刊SPA！』～「相続＆贈与の徹底活用術」2012年9月4日号

【講演・研修】

東京都行政書士会、栃木県行政書士会、東京都行政書士会新宿支部、朝日新聞出版、日本生命、ニッセイ・ライフプラザ　他

［メディア］

　Yahoo！ニュース個人　オーサー（テーマ「家族法で人生を乗り切る。」）

ヤフー　竹内豊　検索

著者との契約により検印省略

令和5年3月30日　初　版　発　行

そうだったのか！　行政書士
受験・開業する前に読む本

著　者　竹　内　　　豊

発　行　者　大　坪　克　行

印刷・製本　株式会社　技秀堂

発 行 所　〒161-0033 東京都新宿区　株式　税 務 経 理 協 会
　　　　　下落合2丁目5番13号　会社

振替　00190-2-187408　電話(03)3953-3301（編集部）
FAX（03)3565-3391　　　(03)3953-3325（営業部）
URL http://www.zeikei.co.jp/
乱丁・落丁の場合は、お取替えいたします。

ISBN978-4-419-06929-2　C3034